Serie Bianca Feltrinelli

GHERARDO COLOMBO

SULLE REGOLE

Prima edizione in "Serie Bianca" marzo 2008

ISBN 978-88-07-17145-1

Perché?

Ho lasciato la magistratura dopo oltre trentatré anni, dopo aver fatto prima il giudice, poi il pubblico ministero, poi di nuovo il giudice. Mi sono dimesso perché indagine dopo indagine, processo dopo processo, sentenza dopo sentenza mi sono convinto che mi sarebbe stato impossibile – da quel momento – contribuire a rendere l'amministrazione della giustizia meno peggio di quel che è. Progressivamente mi sono convinto che, perché la giustizia cambi, sarebbe stato utile piuttosto intensificare quel che già cercavo di fare nei momenti lasciati liberi dalla professione: girare per scuole, università, parrocchie, circoli e in qualunque altro posto mi invitassero a dialogare sul tema delle regole. La giustizia non può funzionare se il rapporto tra i cittadini e le regole è malato, sofferto, segnato dall'incomunicabilità.

Non può funzionare l'amministrazione della giustizia, quel complesso che coinvolge i giudici, i tribunali, le corti, gli avvocati, i pubblici ministeri, le prigioni, le persone sul cui destino tutto ciò incide il più delle volte pesantemente. E non può funzionare la giustizia intesa come punto di riferimento, come base dei rapporti tra gli abitanti del mondo, dispensatrice, prima ancora che verificatrice, di quel che spetta e quel che è tabù, delle possibilità e dei carichi, degli ordini e dei divieti, delle limitazioni e della libertà.

La giustizia non può funzionare se i cittadini non comprendono il perché delle regole. Se non lo comprendono tendono a eludere le norme, quando le vedono faticose, e a violarle, quando non rispondono alla loro volontà.

Perché la giustizia funzioni è necessario che cambi questo rapporto.

Mi sono dimesso per portare il mio granellino di sabbia sulla strada del cambiamento. Queste pagine sono una parte di quel granellino.

Sulle regole

1.

Un paese immaginario

Questo è un paese immaginario.

All'angolo di una via c'è una salumeria. Entra in negozio un vigile urbano, ha il compito, tra l'altro, di verificare la bilancia. Dopo alcune allusioni, mezze frasi, e occhiatine, il vigile esce con un paio di borse della spesa ricolme. Le ha avute gratis e in cambio non ha controllato nulla. Il negoziante può continuare a vendere la carta della confezione allo stesso prezzo del prosciutto. Due piani sopra, nello stesso edificio, una signora sta pagando l'idraulico che le ha appena aggiustato il rubinetto. "Se vuole la fattura sono centoventi euro, se non la vuole novanta, un piccolo sconto." "Faccia senza fattura, non mi serve, grazie per lo sconto." A due passi c'è l'ufficio delle imposte. Un distinto signore sta parlando con il funzionario a proposito di una presunta evasione. Dopo un po', quando ha capito che non rifiuterà, gli fa scivolare tra le mani una busta piena di denaro. Ancora qualche scambio di battute, si stringono la mano e si salutano: l'evasione è scomparsa. Poco più in là c'è una banca. Entra un cliente, titolare di conto corrente. Saluta il cassiere, apre la valigetta che porta con sé e pone sul banco una serie di mazzette di banconote. Il cassiere, allertato dal direttore, gli suggerisce il sistema per depositarle sfuggendo ai controlli antiriciclaggio. Intanto nella stessa banca, negli uffici della dirigenza, si approva l'idea di suggerire ai clienti meno importanti l'acquisto di bond che diverranno presto carta straccia.

Due isolati più in là c'è il palazzo di giustizia (i lavori di sopraelevazione sono stati assegnati all'impresa che ha versato una cospicua tangente). Un avvocato e un giudice stanno mercanteggiando l'esito di un processo che riguarda persone potenti. Nelle prigioni vicine un altro avvocato millanta al cliente le sue entrature con il gip che segue il processo: "Sei messo male, ma la libertà è cosa fatta con un adeguato regalo al giudice". Nel suo studio, un altro avvocato, riceve un nutrito "fondo spese" senza fattura, esentasse. Un paio di chilometri più in là, allo stadio, c'è la partita. L'arbitro fischia un rigore assai dubbio a favore della squadra di casa, dai cui dirigenti aveva ricevuto qualche giorno prima in riconoscimento della sua competenza un bell'orologio di marca. La sera, in un luogo appartato, l'esponente di un grande partito riceve una borsa dal dirigente dell'impresa capofila nella costruzione della metropolitana. Sono le tangenti meticolosamente raccolte fra tutte le società che partecipano ai lavori. Chi le riceve chiama al telefono i colleghi degli altri partiti che contano: "Ci vediamo domani", e l'indomani il denaro viene spartito secondo tariffe prestabilite, un tanto ciascuno, a percentuale variata a seconda del peso politico. La sera tardi, in una strada di periferia, un distinto signore contratta le grazie di una ragazzina "importata" da un paese più povero con l'inganno e ridotta tramite violenza e minacce in condizioni non lontane dalla schiavitù.

La mattina seguente nell'ospedale civile vengono impiantate valvole cardiache che si dimostreranno difettose, il cui acquisto era stato accompagnato (anche quello) da tangenti. Frattanto alcuni medici di base prescrivono ai loro clienti esami dei quali non hanno bisogno, da effettuare in cliniche private con spese a carico della regione, o specialità di industrie farmaceutiche che già li hanno invitati al convegno – weekend tutto compreso per medico e famiglia – in una rinomata località balneare. In una caserma vicina il maresciallo della fureria si porta a casa, ben confezionato per essere conservato in freezer, un quarto di bue destinato alla mensa sottoufficiali, e nei locali del comando si perfezionano contratti d'acquisto per forniture di dubbia utilità, in cambio, anche qui, di un po' di denaro contante. Tre strade più in là c'è un cantiere edile: bussa agli uffici l'ispettore del lavoro, dovrebbe controllare presenza e adeguatezza delle misure antinfortunistiche. Gli mettono in mano un elenco di oggetti (elmetti, cinture di sicurezza, scarpe antiscivolo) e una busta (di soldi), compila la sua certificazione di regolarità del cantiere e se ne va. All'istituto delle pensioni c'è qualcuno che falsifica i dati al computer di chi l'ha pregato (con obolo) di farlo apparire professionalmente più anziano di quello che è. Senza neanche chiedere un compenso, il medico di base rilascia su richiesta telefonica un certificato di malattia al dipendente pubblico che si è allungato un po' le vacanze. Il titolare delle pompe funebri ha stabilito un accordo con gli infermieri dell'ospedale: un tot per la notizia in esclusiva di ogni decesso. Intanto il benzinaio ha apportato qualche modifica agli erogatori di carburante, per lucrare quasi impercettibili differenze di prezzo per litro, che diventeranno sommette alla fine della settimana; i sottoufficiali della polizia tributaria sono addolciti dalla solita busta e il loro controllo dei conti della grande compagnia darà risultati del tutto regolari. La marca del cibo alla mensa scolastica è scelta in cambio di soldi; sempre per soldi qualcuno consente che in carcere entri qualche stupefacente; agenzie di pubblicità e di consulenza aiutano i loro clienti a creare fondi occulti, restituendo in nero parte del prezzo delle prestazioni. Irreprensibili imprenditori si rivolgono al crimine organizzato per far sparire i rifiuti tossici e pericolosi prodotti dalle loro aziende. Un giornalista decanta sul proprio giornale pregi e virtù del tale oggetto, dopo essere stato adeguatamente invogliato; si costruiscono e ricostruiscono alcune autostrade perché è stato lesinato il cemento; si truccano i concorsi per essere ammessi all'università; si rendono edificabili terreni che dovrebbero essere destinati a parco (ancora in cambio di soldi); si paga per farsi assegnare la costruzione della pista del nuovo aeroporto, per essere preferiti nella fornitura di materiale ferroviario, per ottenere un posto al cimitero.

Poi, c'è la mafia. C'è chi una volta al mese (là dove la mafia è più forte) passa tra i vari negozi e le imprese per raccogliere il "premio dell'assicurazione contro gli atti vandalici", la tariffa della "protezione" garantita a chi non si oppone alla riscossione. C'è chi si infiltra nelle istituzioni, chi chiede e ottiene per la mafia la propria parte negli appalti. C'è chi traffica droga, e chi esseri umani. C'è anche (talvolta, ma c'è) chi fa degli accordi anche a bassi livelli: il poliziotto che tira a campare, e riceve favori (denaro, coca, ragazze compiacenti) in cambio di chiudere un occhio.

Trionfano il sotterfugio, la furbizia, la forza, la disonestà sotto l'apparenza delle leggi uguali per tutti, del rispetto per ogni diritto di base. Coloro che si attengono alle leggi formali (che non è detto siano pochi) sono scavalcati ogni giorno da chi non le osserva.

Parte prima

Le ambiguità della giustizia

2.

Legge e giustizia

Sebbene ci sia chi pensa il contrario, delle regole non si può fare a meno perché non si può stare insieme senza applicarne, magari inconsapevolmente.

La regola è l'altra faccia della convivenza, sono due lati della stessa medaglia. Lo si può verificare empiricamente: non possiamo incontrarci se non applichiamo regole comuni sulla misurazione del tempo; non possiamo comunicare se non applichiamo regole condivise di linguaggio; spesso, se non sempre, i contatti tra le persone hanno regole specifiche (per fare qualche esempio, stare a tavola, assistere a una conferenza, frequentare la scuola sono tutte attività che hanno le proprie regole).

Allo stesso modo si può constatare che qualsiasi tipo di associazione, comunità o consorteria – un ordine religioso, una bocciofila, un cineclub, la mafia... – si basa su regole.

Regola, legge, legalità sono le parole più usate quando ci si trova di fronte a fatti, drammi e contraddizioni relativi ai rapporti umani. Sono termini neutri, il cui significato può variare indefinitamente in base al contenuto che esprimono.

Per essere chiari: leggi erano quelle che prevedevano la schiavitù o quelle che discriminavano gli ebrei, e leggi sono quelle che prevedono, ancora in tanti stati, la pena di morte. Altrettanto, leggi sono quelle che prevedono la libertà e l'uguaglianza dei cittadini, e leggi sono quelle che escludono, oggi in gran parte degli stati, la pena capitale. Per dar senso concreto alle parole "regole", "legge" e "legalità" bisogna guardare al loro contenuto. Ma come si può valutare questo contenuto, e quindi sapere qual è il senso dell'osservanza delle leggi, generalmente definita con il termine "legalità"?

3.

Leggi diverse nel tempo e nello spazio

La parola "legalità", da sola, indica esclusivamente l'atteggiamento dei cittadini nei confronti della legge. È un termine neutro che, per essere riempito di significato, ha bisogno di qualche ulteriore precisazione.

Le leggi, il diritto, le regole possono essere assai diversi e anche in contraddizione gli uni con le altre, a seconda del momento storico e dei paesi in cui vigono.

Non tanto tempo fa (era il 1938), l'Italia emanò alcune leggi, chiamate "razziali" perché distinguevano i cittadini in base all'appartenenza etnica e introducevano pesanti discriminazioni nei confronti degli ebrei (ed entro limiti assai più ristretti, nei confronti di altri gruppi). Tra l'altro vietavano che persone di origine ebraica svolgessero impieghi pubblici, in particolare che insegnassero, e proibivano ai bambini e ai ragazzi ebrei di frequentare le scuole. Caduto il fascismo, quelle leggi furono abrogate. Il sistema italiano era legale tanto prima quanto dopo la promulgazione e l'abolizione delle leggi razziali, ma la differenza è evidente.

Meno di un secolo prima (nel 1865) occorse il Tredicesimo emendamento alla Costituzione americana (entrata in vigore nel 1787), perché in quel paese venisse sancita la fine della schiavitù. Fino ad allora, negli Stati Uniti d'America era legale che una persona fosse proprietà di un'altra. Dopo divenne legale il contrario. La legalità esisteva sia prima della modifica costituzionale sia dopo l'emendamento.

Allo stesso modo oggi è legale tanto il sistema nel quale vengono eseguite pene capitali perché sono previste dalla legge, quanto il sistema in cui esse non vengono eseguite perché tale sanzione è esclusa.

Il fatto che possano esistere "legalità" così diverse e contrastanti mostra che un incondizionato apprezzamento dell'osservanza delle leggi può essere il frutto di un equivoco o di un inespresso sottinteso.

È mai possibile che sia indifferente come venga organizzato lo stare insieme, che non abbia alcuna importanza il contenuto delle regole che lo disciplina, che prevedere la pena di morte o vietarla, che impedire ad alcune persone quel che è consentito ad altre, oppure escludere le discriminazioni siano misure equivalenti e di pari dignità, perché – comunque – organizzano, e quindi consentono, di stare insieme?

È evidente che non è così.

Ma come si può valutare il diritto, il complesso delle leggi che disciplinano una società? Qual è l'elemento esteriore che permette di dire che se ne condivide il contenuto, o di stabilire se una legge va conservata o cambiata, se bisogna osservarla o violarla?

4.

“Giustizia” è una parola ambigua

La valenza delle leggi è stata ed è valutata in riferimento al concetto di “giustizia”.

Anche questo concetto, però, presenta forti ambiguità.

Per cominciare, il termine è utilizzato con significati diversi. Lo si usa indifferentemente per definire la giustizia e la sua amministrazione.

Nel primo senso la parola indica un punto di riferimento, un principio di fondo dello stare insieme; o anche un'aspirazione, il fine cui tende la persona per se stessa o nelle relazioni con gli altri. Per questa accezione fioriscono le aggettivazioni (giustizia sociale, giustizia distributiva, giustizia retributiva...), ciascuna delle quali specifica il termine dandogli un significato particolare in riferimento al campo in cui viene applicato.

Nel secondo significato, il termine “giustizia” definisce il modo di gestire quel meccanismo assai pratico che consiste nel sistema che gli esseri umani – seppure in modi molto diversi – hanno messo in piedi per risolvere le controversie, per verificare chi ha ragione e chi ha torto in un rapporto tra privati (per esempio rispetto alla validità di un contratto o di un testamento), tra cittadini e pubblica amministrazione (per esempio per stabilire se sia consentito negare una concessione per costruire un palazzo), tra lo stato e chi è sospettato di aver commesso un reato. Parlando degli avvocati, dei giudici, del pubblico ministero, delle udienze, del carcere, del ministro, della mancanza di fotocopiatrici e così via, si usa il termine "giustizia" in questa seconda accezione.

Quando si dice che la giustizia non funziona, si allude alla sua amministrazione; invece quando si dice che in un paese non c'è giustizia, ci si riferisce al principio fondamentale della convivenza. Si dice anche che le leggi (e/o i comportamenti) di un paese non sono conformi a giustizia.

Benché così specificato, questo termine è interpretato in modi assai diversi.

Si è mai sentito di qualcuno, al di là di pazzi e provocatori, che abbia dichiarato pubblicamente di perseguire l'ingiustizia?

Qualunque sia il fine, e al di là dei mezzi usati per raggiungerlo, ciascuno si presenta come persona giusta che intende realizzare la giustizia.

In nome di questo principio sono scoppiate rivoluzioni, sono state represse sommosse, praticati genocidi, commessi crimini orrendi. Quanto male è stato provocato sotto il vessillo della giustizia!

Che si trattasse di faccende terrene, o di questioni religiose, "giustizia" è stata la parola magica che ha consentito di fare di tutto, dalla "Santa inquisizione" (pratica con la quale la chiesa cattolica torturò e arse vive migliaia di persone "colpevoli" di eresia o di stregoneria, e per la quale l'8 marzo 2000 papa Giovanni Paolo II ha chiesto pubblicamente perdono), alla Shoah (lo sterminio a opera del nazismo di milioni di ebrei, accompagnato dall'eliminazione di nomadi, omosessuali, disabili e oppositori del regime), alle bombe atomiche su Hiroshima e Nagasaki (che, alla fine della Seconda guerra mondiale, causarono in Giappone la morte di centinaia di migliaia di persone).

Papa Lucio III non dedicò certo all'ingiustizia il suo decretale *Ad abolendam*, che nel 1184 codificava la condanna degli eretici. E, in tempi più recenti, Adolf Hitler, il dittatore nazista, si richiamava direttamente alla giustizia per legittimare i suoi progetti (per farsi un'idea si possono leggere alcuni brani del discorso che tenne a Wilhelmshaven il primo aprile 1939: "Agli altri statisti che parlano della necessità che nel mondo regni la giustizia, io dico che la loro non è giustizia, che il loro diktat non fu né equo né giusto perché i diritti vitali dei popoli, che dovrebbero sempre prevalere su qualsiasi diktat, a Versailles non sono stati assolutamente considerati. [...] L'Asse è il più naturale strumento politico del mondo. È un insieme di idee la cui ragion d'essere non è dovuta solo al desiderio di giustizia ma anche alla forza degli ideali a cui esse si ispirano"). Hitler non si definiva certo un fautore dell'ingiustizia quando dispose la persecuzione e lo sterminio di milioni di persone.

Altrettanto si può dire di Stalin in Unione Sovietica, di Pol Pot in Cambogia (che pure fecero eliminare milioni di esseri umani) e di chissà quanti altri autori di genocidi. Si pensi ad Augusto Pinochet che in Cile rovesciò Salvador Allende, bombardando il palazzo del governo e uccidendo il legittimo rappresentante delle istituzioni; a Emilio Eduardo Massera e Jorge Rafael Videla che in Argentina promossero un colpo di stato e fecero scomparire migliaia di persone ritenute di idee politiche opposte alle loro (in più occasioni buttandole nell'oceano da aerei che volavano ad alta quota). Nel suo discorso programmatico del marzo 1976 Videla affermò: "Il rispetto dei diritti umani non deriva per noi unicamente dal dettato delle leggi o dalle dichiarazioni internazionali, bensì si basa sulla cristiana e profonda convinzione che la dignità umana rappresenti un valore fondamentale. Assumiamo poteri assoluti per proteggere i diritti naturali dell'uomo e non per opprimerne la libertà, ma per esaltarla, non per piegare la giustizia, ma per imporla". Sono esistiti molti altri responsabili della tortura e dell'eliminazione cruenta dei dissidenti, degli avversari politici o di chi semplicemente dava loro fastidio. Ciascuno di questi dittatori ha presentato la propria attività di repressione nel sangue come opera di giustizia.

I diversi atteggiamenti ora ricordati non sono necessariamente manifestazione di ipocrisia, di inganno, di superficialità o di ambiguità.

Va riconosciuto che esistono convinzioni profonde, estremamente diverse tra loro, su cosa sia la giustizia.

In tale pluralità di modi di intenderla, è davvero possibile, allora, individuare il significato profondo della parola "giustizia"? Se non quello universale (esiste davvero qualcosa che possa essere considerato realmente universale?), almeno il più condivisibile?

5.

Il diritto viene da dio

La parola "giustizia" costituisce da sempre il riferimento per "giustificare" il contenuto delle leggi. Non è un compito facile, se con giustizia si possono indicare assetti sociali (e quindi complessi di regole) in netto contrasto tra loro.

L'esigenza di "giustificare" il diritto risale alla notte dei tempi.

All'inizio della storia dell'umanità non esistevano particolari problemi. Diritto e giustizia allora coincidevano, perché si riteneva che il primo provenisse direttamente da dio. Se dio è giusto, e stabilisce egli stesso le regole, queste non possono che essere giuste. Più tardi furono i sacerdoti a interpretare e comunicare alla società la volontà divina, ma il presupposto per giustificare il contenuto delle norme era lo stesso: il diritto era un'emanazione di dio, e le leggi continuavano a essere giuste per definizione.

Più o meno la stessa impostazione si mantenne fintanto che si credette che l'autorità avesse origine divina. Finché sono esistiti gli imperi e i sovrani assoluti; finché il potere è stato trasmesso per linea dinastica; finché la chiesa ha avuto una funzione temporale, chiunque detenesse il potere – l'imperatore, il re, il principe o il papa – aveva un rapporto privilegiato con dio, traeva da lui la facoltà del comando, e di conseguenza le leggi che emanava avevano una "giustificazione" divina. Non è un caso che persino Napoleone Bonaparte si sia incoronato imperatore, il 2 dicembre 1804, davanti al papa, il rappresentante in Terra di dio, e che la cerimonia sia avvenuta in una cattedrale, quella di Notre-Dame. Il diritto, in questa concezione, era giustificato dalla sua fonte.

A ben guardare, non è che esistesse una vera certezza circa il contenuto del termine "giustizia". In effetti, anche la parola di dio non era sempre univoca, e con un minimo di impegno si potrebbero trovare nelle Scritture giustificazioni contrastanti per leggi di contenuto diametralmente opposto.

Ecco qualche esempio della, almeno a prima vista, reciproca inconciliabilità delle parole di dio.

Da un lato, la giustizia divina è intesa come separazione, esclusione, eliminazione, espropriazione e spoglio:

"Sterminerò ogni mattino tutti gli empi del paese, per estirpare dalla città del Signore quanti operano il male". (Libri Poetici, Salmo 101,8)

"Quando il mio angelo camminerà alla tua testa e ti farà entrare presso l'Amorreo, l'Hittita, il Perizzita, il Cananeo, l'Eveo e il Gebuseo e io li distruggerò, tu non ti prostrerai davanti ai loro dei e non li servirai; tu non ti comporterai secondo le loro opere, ma dovrai demolire e dovrai frantumare le loro stele. [...] Manderò il mio terrore davanti a te e metterò in rotta ogni popolo in mezzo al quale entrerai; farò voltar le spalle a tutti i tuoi nemici davanti a te. Manderò i calabroni davanti a te ed essi scacceranno dalla tua presenza l'Eveo, il Cananeo e l'Hittita. [...] A poco a poco li scaccerò dalla tua presenza, finché avrai tanti figli da occupare il paese." (Esodo 23, 23-30)

"Un fuoco si è acceso nella mia collera e brucerà fino nella profondità degl'inferi; divorerà la terra e il suo prodotto e incendierà le radici dei monti. Accumulerò sopra di loro i malanni; le mie frecce esaurirò contro di loro. Saranno estenuati dalla fame, divorati dalla febbre e da peste dolorosa. Il dente delle belve manderò contro di essi, con il veleno dei rettili che strisciano nella polvere. Di fuori la spada li priverà dei figli, dentro le case li ucciderà lo spavento. Periranno insieme il giovane e la vergine, il lattante e l'uomo canuto." (Deuteronomio 32, 22-25)

"Io manderò contro di loro quattro specie di mali – parola del Signore – la spada per ucciderli, i cani per sbranarli, gli uccelli dell'aria e le bestie selvatiche per divorarli e distruggerli. Li renderò oggetto di spavento per tutti i regni della Terra a causa di Manàsse figlio di Ezechia, re di Giuda, per ciò che egli ha fatto in Gerusalemme. [...] Io ho steso la mano su di te per annientarti; sono stanco di avere pietà. Io li ho dispersi al vento con la pala nelle città della contrada. Ho reso senza figli e ho fatto perire il mio popolo, perché non abbandonarono le loro abitudini. Le loro vedove sono diventate più numerose della sabbia del mare. Ho mandato sulle madri e sui giovani un devastatore in pieno giorno; d'un tratto ho fatto piombare su di loro turbamento e spavento. È abbattuta la madre di sette figli, esala il suo respiro; il suo sole tramonta quando è ancor giorno, è coperta di vergogna e confusa. Io consegnerò i loro superstiti alla spada, in preda ai loro nemici." (Geremia 15, 3-9)

Dall'altro lato, in coerenza con una giustizia conciliativa e accogliente, si legge: "Quando incontrerai il bue del tuo nemico o il suo asino dispersi, glieli dovrai ricondurre. [...] Non opprimerai il forestiero: anche voi conoscete la vita del forestiero, perché siete stati forestieri nel paese d'Egitto". (Esodo 23, 4, 9)

"Ama il prossimo tuo come te stesso." (Levitico 19, 18)

"Così dice il Signore: 'Scendi nella casa del re di Giuda e là proclama questo messaggio. Tu dirai: ascolta la parola del Signore, o re di Giuda. [...] Dice il Signore: praticate il diritto e la giustizia, liberate l'oppresso dalle mani dell'oppressore, non fate violenza e non opprimete il forestiero, l'orfano e la vedova." (Geremia 22, 1-3)

"(Parla Gesù) Voi avete udito che fu detto: 'Ama il tuo prossimo e odia il tuo nemico'. Ma io vi dico: amate i vostri nemici, [benedite coloro che vi maledicono, fate del bene a quelli che vi odiano], e pregate per quelli [che vi maltrattano e che] vi perseguitano, affinché siate figli del Padre vostro che è nei cieli; poiché egli fa levare il suo sole sopra i malvagi e sopra i buoni, e fa piovere sui giusti e sugli ingiusti. Se infatti amate quelli che vi amano, che premio ne avete? Non fanno lo stesso anche i pubblicani? E se salutate soltanto i vostri fratelli, che fate di straordinario? Non fanno anche i pagani altrettanto? Voi dunque siate perfetti, come è perfetto il Padre vostro celeste." (Matteo, 5, 43-48)

Non è che tutto ciò sconvolgesse: si poteva pescare nella parola di dio a seconda delle esigenze contingenti, trovandovi l'alibi anche per le più orribili efferatezze oppure la ragione della fratellanza e della solidarietà.

6.

Il diritto è giusto se è "naturale"

La pratica di giustificare il diritto con la sua origine divina continua anche oggi indiscussa in alcune parti del mondo, e si riafferma periodicamente nella nostra stessa cultura. (Basta ricordare l'esplicito richiamo nazista alla vicinanza con dio: "Gott mit uns", "dio con noi").

Parallelamente però, in una visione più laica della società, si è cessato a un certo punto, partendo dalla Grecia antica, di fare riferimento solo a dio per giustificare il diritto e si è sviluppato un punto di vista nel quale era centrale la "naturalità".

L'idea si basava sul presupposto che ogni essere umano avesse dentro di sé, fin dalla nascita, alcuni principi fondamentali comuni a tutti gli altri. Si pensava, per intendersi, che ciascuna persona, ovunque fosse stata concepita, in qualsiasi realtà venisse inserita, avesse in sé la consapevolezza che, in linea di principio, non è bene uccidere, non è bene appropriarsi delle cose altrui, non è bene testimoniare il falso e via dicendo.

Permaneva, però, l'immanenza divina. Dio era sempre sullo sfondo come artefice di quei principi "naturali" insiti nel cuore di ognuno. Ma si spostava, appunto, sullo sfondo, e la sua presenza non era più rigorosamente necessaria per giustificare il diritto. Sarebbe bastato ritenere che i principi "naturali" non fossero stati inseriti da dio nell'intimo di ogni persona per poter fare definitivamente a meno della sua presenza nel dare legittimità alle regole.

Il diritto, secondo questa linea di pensiero, sarebbe giusto nel momento in cui il suo contenuto coincidesse con i principi innati – chiamati "diritto naturale", proprio perché "naturalmente" insiti in ciascuna persona – e sarebbe tanto più ingiusto quanto più ci si discostasse da essi.

Tuttavia, il trascorrere del tempo, l'evoluzione della società, la scoperta di altre culture e altre civiltà hanno seminato dubbi anche in questo modo di pensare.

Si è via via constatato, concretamente, che non tutti al mondo condividono gli stessi principi, e che questi possono essere anche profondamente diversi gli uni dagli altri, talora in reciproco contrasto.

Probabilmente l'unico tabù universale, in qualunque cultura, è quello dell'incesto. Il solo principio universale, quindi, consisterebbe nel ritenere vietato il rapporto sessuale tra consanguinei diretti (il quale, peraltro, curiosamente, in Italia è punito soltanto a certe condizioni). Tutto il resto varia, seppur con modalità e intensità diverse.

Non è vero che nel cuore di chiunque stia scritta una regola che vieta di uccidere, di appropriarsi delle cose altrui, di testimoniare il falso e così via.

L'idea di giustificare il diritto attraverso principi innati, comuni a qualsiasi persona, è andata, pertanto, progressivamente in crisi.

7.

Il diritto è giusto quando c'è

Vista la difficoltà, per non dire impossibilità, di trovare parametri soddisfacenti da utilizzare per verificare la giustizia o l'ingiustizia del diritto, si è ritenuto opportuno valutarlo non in base al suo contenuto, ma in base alla procedura osservata per crearlo.

Il diritto, in questa concezione, non è giusto perché corrisponde alla parola di dio o perché traduce in legge i principi basilari comuni a tutte le persone. Il diritto è giusto perché è prodotto dalle istituzioni delegate a farlo, seguendo le procedure previste.

Così, in una democrazia parlamentare, una legge è giusta quando è emanata dal parlamento, a seguito della presentazione della proposta di legge, dell'esame della medesima, della sua approvazione da parte della maggioranza richiesta, della promulgazione e della pubblicazione sul registro che raccoglie le leggi.

Il diritto, in sostanza, è "giusto" quando è positivo, cioè quando è stato creato ed è osservato.

Qualsiasi comando, qualsiasi divieto, qualsiasi imposizione, qualsiasi discriminazione può diventare – secondo questa linea di pensiero – contenuto del diritto.

La giustizia, dunque, anziché essere motivo del diritto, ne diventa una conseguenza: giusto è quel che la legge dichiara tale, indipendentemente dalla coerenza con principi (o con ragioni) che stiano al di fuori della legge medesima. La giustizia, perciò, perde qualsiasi valore di universalità e, anche dal punto di vista teorico, si ammette che possano esistere, anche contemporaneamente, più diritti diversi, ciascuno dei quali è "giusto" nel momento in cui esiste ed è applicato su un determinato territorio.

8.

Da suddito a cittadino

In periodi relativamente recenti della storia dell'umanità la legittimità acquisita dal diritto attraverso paternità e procedure si è sviluppata insieme a cambiamenti radicali dell'assetto dello stato.

Nel contesto del pensiero illuminista, intorno alla metà del Diciottesimo secolo, Charles-Louis de Secondat, baron de La Brède et de Montesquieu, ha dato corpo a un'idea che andava allora maturando e che avrebbe dato origine allo stato di diritto.

Il potere del sovrano, in precedenza, era davvero assoluto. Il re condensava in sé la titolarità sia della legislazione, sia del governo, sia della giustizia. Faceva le leggi, le applicava e verificava se i comportamenti (anche i propri) erano conformi alle norme che egli stesso aveva introdotto. Le persone a lui sottoposte erano in sua completa balìa: si trattava di sudditi le cui relazioni, i cui beni e le cui vite dipendevano totalmente dal suo potere incontrollato. Salvo sporadiche esperienze che andavano in direzione opposta (può essere citata in proposito la *Magna charta libertatum*, che nel 1215 limitò il potere del sovrano inglese), questo è stato il modello di organizzazione del potere che ha dominato larga parte della storia dell'umanità.

Il pensiero illuminista premeva perché la persona fosse riconosciuta in quanto tale, per il mero fatto di esistere. Tale riconoscimento significava che ciascuno fosse tutelato dalle intromissioni del potere, che gli fossero garantite la libertà fisica e di pensiero; che potessero essere riconosciute le sue ragioni, anche quando confliggevano con gli interessi del potere.

Montesquieu ha elaborato la struttura organizzativa che avrebbe permesso ai sudditi di diventare cittadini: se il potere, assoluto e unicamente nelle mani del sovrano, fosse stato diviso e distribuito tra organi diversi (nell'occasione tre: legislativo, esecutivo e giudiziario, con il rispettivo compito di legiferare, governare e verificare l'applicazione delle leggi), ciascuno di questi avrebbe potuto esercitarne soltanto una parte, e contemporaneamente avrebbe svolto una funzione di controllo e di limitazione rispetto all'esercizio del potere da parte degli altri enti, evitandone gli eccessi. Nessuno sarebbe più stato in balìa di un unico gestore del potere, persona, ente o consorteria che fosse. Anzi, proprio grazie alle limitazioni e al controllo che ciascun potere avrebbe svolto nei confronti degli altri, nessuno sarebbe stato in balìa di alcuno.

La separazione dei poteri è un presupposto per la creazione (ed è un requisito per la conservazione) di una società in cui diritti e doveri siano distribuiti equamente, e quindi ciascuno abbia possibilità e carichi verso la società in misura analoga agli altri.

Il principio è stato prima condiviso da larghi strati di quella parte della popolazione che aveva la possibilità di articolare e manifestare il proprio pensiero, e poi progressivamente applicato. Sono stati introdotti sistemi parlamentari, e gradatamente la creazione delle leggi è stata sottratta al sovrano per passare al parlamento.

Quando i membri dell'assemblea legislativa cominciarono a essere eletti dai cittadini piuttosto che nominati dal sovrano; quando la scelta dei titolari del potere esecutivo passò dall'arbitrio del reggente alla decisione dei rappresentanti dei cittadini, si osservò che la giustificazione della legge aveva base nella volontà popolare che aveva scelto i suoi portavoce e li aveva collocati in parlamento, dando (proprio attraverso questa scelta) l'indicazione di quale contenuto avrebbe desiderato riempire le leggi.

Per certi aspetti si è tornati alle origini: come agli inizi della storia dell'umanità il diritto era giusto perché proveniva da dio, così nella nuova èra il diritto era giusto perché proveniva dal popolo, dalla nazione. Era, cioè, sempre la fonte il presupposto di legittimazione della norma.

Poiché, però, coloro che compongono il popolo, la nazione, la cittadinanza non hanno necessariamente le stesse idee e non vivono nelle stesse condizioni, ma le opinioni possono essere diverse, fu stabilito per convenzione che legittimata a creare le regole, cioè a emanare le leggi, fosse la maggioranza, ovvero il numero più elevato di coloro che, sulla stessa materia (o, più frequentemente, sulle modalità dello stare insieme), la pensano allo stesso modo.

La nuova concezione – come si accennava – pur emancipando la persona dallo status di suddito, ha legittimato la soggettivizzazione estrema del concetto stesso di giustizia, dando "dignità" ad atteggiamenti che in precedenza avrebbero richiesto spiegazioni e giustificazioni, imponendo l'elaborazione di argomenti che convincessero sulla "giustizia" delle leggi e della concezione su cui queste si fondavano.

La spinta che ha permesso di affrancarsi dal potere

assoluto e laicizzare la legge (cioè di separarla dal fittizio collegamento con dio), nel tentativo di creare una società di eguali, ha avuto come ulteriore conseguenza – come effetto collaterale, si direbbe oggi – la giustificazione di qualsiasi contenuto del diritto espresso in nome della maggioranza.

Parte seconda

Società orizzontale e società verticale

9.

La società verticale

Perché, anche in buona fede, le persone possono attribuire al termine giustizia significati diversi, tra loro contrastanti o contraddittori? Perché questa parola può risultare ambigua?

Ciò dipende, a mio parere, dal contenuto che essa esprime.

E questo contenuto, a sua volta, è conseguenza della diversità tra le convinzioni profonde sul modo di intendere le relazioni umane. È frutto della differenza della concezione del mondo, direi dell'approccio filosofico che ognuno, forse inconsciamente, ha in ordine al senso dell'esistenza, a proposito del genere umano, di come si crede che esso si sviluppi e progredisca, dell'ottimismo o del pessimismo con il quale lo si guarda, del valore che viene conseguentemente dato all'individuo.

Una parte delle persone vede l'umanità soprattutto come specie animale, regolata dalle stesse leggi che presiedono allo sviluppo delle altre specie viventi. Nutre un atteggiamento di sfiducia nei confronti del singolo, il quale – se considerato come parte non individualizzata della massa – si trova un po' sullo sfondo, in qualche misura sfuocato.

In questa prospettiva l'essere umano progredisce attraverso la selezione. I forti, i furbi, i potenti, gli "adeguati" sono selezionati "naturalmente": ciò dà dignità alla loro persona, la rende meritevole di considerazione, la mette a fuoco come individuo. I deboli, i diversi, coloro che non stanno al passo, che non si collocano adeguatamente in questo disegno, vengono progressivamente eliminati.

La conseguenza di questa convinzione profonda è che il disegno, secondo il quale si progredisce scartando gli inadeguati, vada assecondato. Se la natura mette in scala gli esseri viventi, se lascia nella penombra coloro che non stanno al passo, se permette l'eliminazione di chi intralcia lo sviluppo, il compito dell'essere umano – che ha raggiunto le capacità per farlo – è contribuire al suo disegno.

È caratteristica di tale concezione l'idea che l'umanità sia posta su una scala gerarchica: chi non ha capacità va scartato, chi non è adeguato deve occupare i gradini più bassi, e progressivamente, a seconda delle maggiori qualità di cui si è dotati, si è collocati a un livello superiore, sino al vertice, dove stanno gli eletti, i più bravi, i più furbi, i più forti, i più adeguati. E succede spesso che tutte queste qualità siano attribuite a un'unica persona, alla quale viene assegnato il ruolo di capo supremo, esattamente come succede per gli animali. È proprio di tale modo di pensare anche che gli appartenenti a livelli superiori non si riconoscano affatto, o pochissimo, in quelli dei livelli inferiori.

In quest'ottica, la persona non ha valore in sé: acquista o perde importanza a seconda della sua sintonia con l'evoluzione della specie.

Innumerevoli volte nel corso della storia la subordinazione e la discriminazione sono state giustificate accampando una pretesa inadeguatezza a essere collocati sullo stesso gradino degli altri: è il caso delle donne, degli schiavi, dei neri, degli appartenenti a determinate etnie.

Un esempio emblematico è costituito dall'apartheid in Sudafrica, dove fino ai primi anni novanta i bianchi (un quinto della popolazione) occupavano oltre l'85 per cento del territorio, erano destinatari del 75 per cento delle entrate, il tasso di mortalità infantile tra loro era dieci volte inferiore a quello della popolazione nera, costretta a vivere in città-ghetto, in un regime di costante repressione e discriminazione.

In questo schema verticale di organizzazione della società esiste un indice sintomatico della sintonia che ciascuno ha con l'evoluzione della specie: il livello occupato nella gerarchia sociale. Quanto più l'individuo è in alto, quanto più è ricco, potente, famoso, influente, tanto più egli è il prodotto dello sviluppo della specie ed è più funzionale per lo sviluppo ulteriore. Per converso, quanto più è in basso, povero, senza potere, sconosciuto e ininfluente, tanto più la sua esistenza è talvolta indifferente, talaltra perfino dannosa allo sviluppo del genere umano.

Da questo punto di vista, la persona non è un fine, non va salvaguardata, può trasformarsi in strumento per la promozione dei più validi rappresentanti della specie destinati a loro volta a promuoverla ulteriormente e può (sarebbe da dire "deve") essere eliminata quando non serve o reca danno. Ne deriva che la giustizia consiste nel promuovere e tutelare le gerarchie; nel dare dignità ai privilegi; nell'eliminare, anche fisicamente, chi è dannoso.

Era la concezione di Hitler, secondo il quale, le scimmie eliminano l'estraneo "come non appartenente alla comunità. E ciò che vale per le scimmie dovrebbe valere tanto più per gli uomini" (*Hitlers Tischgespräche*), e "la natura... pone l'essere vivente sul globo terracqueo per poi assistere al libero gioco delle forze. Il più forte... si vede quindi aggiudicare, quale suo figlio prediletto, il diritto di dominio su ciò che esiste", compresi i deboli (*Mein Kampf*).

Per quanto diversa, la concezione di Lenin era il risultato di un'analoga considerazione della persona. A lui sono state attribuite espressioni del tipo: "È vero che la libertà è preziosa; così preziosa che dovrebbe essere razionata". Sue sono le affermazioni che "la sostituzione dello stato proletario allo stato borghese non è possibile senza rivoluzione violenta. La soppressione dello stato proletario, cioè la soppressione di ogni stato, non è possibile se non per via di 'estinzione'", anche delle persone che vi si oppongano. Nella fase successiva, "ogni tentativo di sfuggire" al controllo "esercitato da tutto il popolo diventerà una cosa talmente difficile, un'eccezione così rara, provocherà verosimilmente un castigo così pronto e così esemplare (poiché gli operai armati sono gente che ha il senso pratico della vita...)" (*Stato e rivoluzione*) che la necessità di osservare le regole diventerà un'abitudine, evidentemente per imposizione di chi sta sopra. Un atteggiamento simile permeava anche, se non di più, il pensiero di Stalin, quello di Mao, e in genere di tutti i dittatori.

Nel caso in cui, contrariamente a quanto avveniva nella Germania nazista e nell'Unione Sovietica, la selezione non è imposta attraverso la dittatura, essa si attua – in sintesi – partendo da un'idea di competizione. Competere, come si sa, significa gareggiare. La gara prevede un vincitore e uno sconfitto. Se il modello è applicato alle relazioni personali, qualunque esse siano, il risultato è che ci si rapporta con gli altri avendo lo scopo di vincere, e cioè di sconfiggere. Nel campo delle idee, del commercio, nell'organizzazione dello stare insieme, la selezione avviene attraverso la competizione: chi vince sale nella scala delle gerarchie sociali; chi perde scende. Quando arriva al fondo, chi perde diventa inutile, e se necessario può essere neutralizzato o eliminato (segregandolo, oppure sopprimendolo fisicamente). Altrettanto va fatto per chi è un peso fin da prima della competizione: il pazzo in manicomio, il deviante in carcere.

Questa organizzazione piramidale va di pari passo con l'opacità e la scarsa diffusione delle informazioni. Opacità e scarsa diffusione che da un lato servono per conservare la struttura gerarchica (chi sta più in basso, oltre ad avere pochi o nessun diritto, ha anche scarsa o nessuna informazione, e l'interno delle istituzioni gli è impermeabile; in tal modo non è in grado di maturare documentate posizioni critiche e resta succube di un potere la cui consistenza è ignota); dall'altro funzionano da presupposto per scalare i gradini della gerarchia (per esempio "facendo le scarpe" a chi occupa un gradino appena superiore) attraverso la gestione occulta delle notizie.

Lo schema organizzativo della società verticale è relativamente semplice, perché le situazioni di conflitto si risolvono il più delle volte applicando il principio della scala gerarchica per cui chi è più in basso deve sempre cedere. A dispetto di tale semplicità, l'esigenza di opacità e di disinformazione appena ricordata favorisce l'istituzione di complesse macchine burocratiche che disperdono conoscenze e responsabilità.

Il modello verticale si applica poi non soltanto ai membri di una stessa nazione, ma anche ai popoli.

Alle spalle degli attuali abitanti della Terra c'è una storia quasi infinita. La si può risalire per millenni, osservarla e individuare i segni che vi hanno lasciato le culture delle civiltà passate. Fin dagli albori, i contrasti fra tribù, popoli, nazioni sono stati risolti attraverso conflitti, separazioni, sottomissioni ed eliminazioni.

La convivenza tra gli appartenenti allo stesso gruppo si è generalmente trasformata in una "dis-vivenza", informata da principi di esclusione e di separazione. Ciò dipende probabilmente dal fatto che, al di là dei neologismi, la convinzione secondo cui si progredisce attraverso la separazione è stata il sentire dominante cui il genere umano si è riferito con maggiore continuità nel corso della sua storia.

Ciò è stato largamente praticato, e continua spesso a esserlo, sia nei rapporti tra gli individui sia nei rapporti tra le nazioni (attraverso guerre, deportazioni, genocidi).

Idee e convinzioni di matrice diversa si sono affacciate più volte nella storia dell'umanità. Salvo rare eccezioni, si è trattato però di idee coltivate ed elaborate soltanto in ambito religioso (e dirette più all'individuazione del comportamento morale che all'effettiva disciplina delle relazioni sociali), o comunque basate sull'accettazione dell'esistenza di presupposte differenze. La repubblica ateniese, Aristotele (che affermò: "L'uomo ingiusto è colui che non osserva l'uguaglianza e ciò che è ingiusto è ineguale"), Socrate, Platone, considerati punti di riferimento essenziali di una concezione civile e democratica della società, davano anch'essi per scontato che l'umanità fosse suddivisa in liberi e schiavi. Anche per loro il principio di base consisteva nella separazione e nella discriminazione.

Salvo rare eccezioni, le società sono state organizzate secondo questo schema gerarchico fino all'altroieri della storia, quando la concezione opposta, quella di una società orizzontale, si è affacciata con forza non soltanto nell'ambito delle coscienze, ma anche in quello della disciplina delle relazioni umane.

10.

La società orizzontale

Esiste un modo di intendere la comunità che non si basa sulle gerarchie, ma sull'idea che l'umanità si promuova attraverso un percorso armonico in cui la collaborazione di ciascuno, secondo le proprie possibilità, contribuisce all'emancipazione dei singoli e al progredire della società nel suo insieme.

L'elemento fondante è l'esatto contrario di quello che porta alla sperequazione, alla separazione e all'esclusione. L'umanità non vive, non si emancipa, non progredisce attraverso la selezione, ma prestando attenzione a ogni suo componente. L'origine di questa idea sta nella convinzione che ogni persona è in sé apprezzabile, costituisce un valore, una dignità. Tale modo di intendere è a sua volta conseguenza del riconoscere nell'altro la stessa "natura" che ciascuno vede in se stesso.

Il riconoscimento non è limitato al gruppo di cui si fa parte: la persona si riconosce non solo in se stessa, nei suoi familiari, nei (o in alcuni) compagni di classe, nei sostenitori della stessa squadra di calcio, in coloro che abitano nello stesso quartiere, in chi frequenta la stessa chiesa, in chi professa la stessa fede, in chi ha lo stesso colore della pelle, in chi parla la stessa lingua, in chi manifesta le stesse idee.

Il riconoscimento dell'altro, di tutti gli altri, ha come effetto la percezione dell'essere parte del genere umano (e non di settori specifici dell'umanità, come possono essere la famiglia, la scuola, la tifoseria, il paese e via dicendo), e la consapevolezza dell'esistenza di un collegamento con ciascuno dei suoi componenti, costituito dal comun denominatore della specie.

Il senso di appartenenza e l'identificazione con l'altro provocano disagio per le difficoltà e soddisfazione per il loro benessere. L'insieme di ciascuno di questi sentimenti costituisce un tessuto che lega chiunque partecipi all'aggregato sociale: lo si può chiamare solidarietà (se si dà a questa parola il suo significato di consapevolezza di far parte della comunità e di disponibilità reciproca a dare e ricevere aiuto al fine del miglior soddisfacimento delle necessità di ciascun membro della società).

Insomma è come quel che succede in una famiglia, o (e forse più facilmente) in un gruppo di amici molto coeso, quando l'aiuto reciproco e la complicità nel sostenersi a vicenda nei momenti di difficoltà si manifestano anche nei confronti delle altre persone che appartengono al genere umano. Ovviamente, l'intensità degli affetti muta a seconda della vicinanza (è esperienza di tutti soffrire molto per l'infelicità delle persone più care, in modo meno intenso e durevole per quella di sconosciuti) ma il sentirsi parte di un tutt'uno non viene meno. Così, succede di essere feriti dalla notizia delle sopraffazioni subite da un popolo lontano (gli eccidi reciproci dei tutsi e degli hutu, in Ruanda e in Burundi, in un recente passato; lo sterminio dei desaparecidos, una quindicina di anni prima, in Argentina; il massacro degli abitanti delle città giapponesi di Hiroshima e Nagasaki, per opera della bomba atomica, alla fine della Seconda guerra mondiale).

Si sente ogni tanto di una persona che si getta nel mare in burrasca per salvare qualcuno che sta annegando; di chi entra in un appartamento in fiamme per portare in salvo chi non riesce a uscire. Qualche volta questi gesti costano persino la vita a chi li compie: la molla che spinge a farli sta nel riconoscimento dell'altro come proprio simile, al punto da mettere a repentaglio perfino la propria esistenza.

In questo quadro qualunque persona, per il fatto stesso di esistere, costituisce uno scopo, un fine, una dignità da salvaguardare, e la segregazione diventa un controsenso, ammissibile soltanto in casi rari ed eccezionali.

Ritenere che l'umanità migliori migliorando ogni suo componente non è soltanto un modo di sentire, una convinzione esistenziale di fondo, ma è anche una concezione basata su criteri di utilità, la quale si sviluppa sulla falsariga di due diversi profili.

Sotto un primo aspetto, muovendo dall'osservazione che, in diversa misura, tutti possono contribuire al progredire della società, risulta evidente che, a lungo andare, l'esclusione dei "diversi" non farebbe altro che ritardare o addirittura impedire uno sviluppo armonico della specie umana. Innumerevoli sono gli esempi, non solo in campo artistico, di persone "strambe", talora estremamente tormentate nei rapporti con gli altri, che hanno arricchito con contributi insostituibili il patrimonio dell'umanità.

Vincent van Gogh, emarginato in vita e celebrato dopo la morte, si bruciò una mano per dimostrare il suo amore per la cugina, si tagliò la parte inferiore dell'orecchio sinistro, la incartò e la portò in un bordello per farne dono a una prostituta alla quale si era affezionato; venne a più riprese ricoverato, talvolta di sua volontà, per malattie mentali e si sparò, a trentasette anni, un colpo di rivoltella. Non si tratta di un caso isolato. Michelangelo Merisi, il Caravaggio, era un violento rissoso e visse parte della propria esistenza da fuggiasco.

Se questi esempi non apparissero adeguati perché riguardano artisti, e si sa che la bizzarria degli artisti, essendo accompagnata dal genio, è sopportabile, si pensi allora alla sorte toccata in epoca nazista a persone straordinarie, di eccezionale cultura, uccise nei campi di concentramento perché "diverse", o miracolosamente sopravvissute a quelle atrocità (come la madre di Mario Capecchi, Nobel per la medicina), che sarebbero di sicuro morte se la Germania non fosse stata sconfitta; si pensi a quali intelligenze sono state bruciate sul rogo dall'inquisizione (che non avrebbe risparmiato neppure Galileo se questi non avesse abiurato); o a coloro che, come Archimede di Siracusa o Antoine Lavoisier, persero la vita in momenti della storia in cui la persona non aveva alcun valore.

Sotto il secondo aspetto, osservando lo stato attuale dell'evoluzione, risulta evidente che il crescente aumento delle penalizzazioni (estrema indigenza di una parte consistente dell'umanità, la cui sopravvivenza è a rischio; moltiplicazione degli armamenti, convenzionali e non, ormai in grado di distruggere il genere umano; progressiva erosione delle fonti energetiche e delle risorse ambientali, che secondo i calcoli a breve non basteranno nemmeno per la parte ricca del globo), che già colpiscono o sono in grado di colpire chiunque in un prossimo futuro, dipende proprio dall'applicazione del modello di sviluppo opposto.

Il modello organizzativo della società orizzontale prevede una distribuzione omogenea dei carichi e delle possibilità, dei doveri e dei diritti, in particolare di quelli fondamentali, vale a dire quelli che costituiscono la base per un'esistenza dignitosa e il presupposto per l'emancipazione dell'individuo. Se, come si è visto, la persona è dignità in sé, se è un valore, ne conseguono il diritto alla vita e quello a esprimere la propria opinione, quelli a muoversi liberamente nel territorio, ad associarsi con altri per perseguire fini leciti, alla libertà personale, ad avere una casa, a ricevere un'istruzione, a curare la propria salute, a trovare un lavoro.

Poiché ogni persona è dignità e valore, questi diritti sono riconosciuti a qualsiasi membro della società, senza alcuna eccezione. Di conseguenza, nessuno può essere eliminato fisicamente, ridotto alla condizione di schiavo, ostacolato nel manifestare il proprio pensiero. Allo stesso tempo ciascun membro della società ha il dovere di non attentare alla vita altrui, di non sottomettere le altre persone per soddisfare i propri interessi, di non togliere agli altri la parola e via dicendo. Questo carico di doveri incombe non soltanto sui singoli individui, ma anche sulle istituzioni, e cioè sugli enti ai quali è delegato un particolare potere al fine di consentire una più utile organizzazione della società. Così, il parlamento, delegato a creare le leggi, ha il dovere di non interferire con il diritto all'esistenza introducendo, per esempio, la pena di morte; il sindaco non può rifiutare un certificato anagrafico che attesti l'identità della persona che glielo richiede; il preside non può rifiutare l'iscrizione alla scuola elementare del bambino che abbia compiuto sei anni.

Naturalmente, vivendo insieme è possibile che qualche diritto di una persona entri in conflitto con quelli degli altri. In una società orizzontale sono garantite la libertà personale e la possibilità di muoversi liberamente sul territorio nazionale e quella di visitare altri paesi; se però una persona usa tale libertà per danneggiare gli altri (Tizio, per esempio, fa il killer per la mafia, e gira in lungo e in largo per il paese ad ammazzar persone) è necessario, per tutelare il diritto degli altri, imporgli limitazioni di movimento che lo rendano inoffensivo. Le limitazioni tuttavia, perché la società non si trasformi da orizzontale in verticale (come si vedrà meglio più avanti), devono essere rigorosamente funzionali alla tutela dei diritti altrui, senza creare ingiustificate sperequazioni.

Da una parte, infatti, ci sono diritti fondamentali assolutamente inviolabili, perché inscindibili dal riconoscimento della persona come valore in sé (qualsiasi limitazione sarebbe in contraddizione con questo valore). In quest'ottica sono escluse senza eccezioni la pena di morte e la tortura. Dall'altra parte qualche diritto, non strettamente legato alla dignità della persona, può subire limitazioni nel caso in cui queste restrizioni servano a tutelare diritti fondamentali di rango più elevato.

I doveri, e cioè le limitazioni e gli obblighi, possono essere imposti solo in funzione del rispetto dei diritti degli altri e dell'efficacia dell'organizzazione sociale. Se a ciascuno spettano gli stessi diritti e sono imposti gli stessi doveri, ogni persona che partecipa alla società risulta uguale alle altre di fronte alla legge. Le peculiarità soggettive (il sesso, l'etnia, la religione, le idee politiche...) sono, al riguardo, del tutto irrilevanti.

Dire che "siamo tutti uguali di fronte alla legge" significa affermare che chiunque si trovi in condizioni analoghe va trattato allo stesso modo degli altri. Per esempio, la possibilità di istruirsi va garantita sia al bambino "ariano" sia a quello ebreo, e non può accadere, come succedeva sotto il fascismo, che al primo sia consentito di frequentare le scuole e al secondo no. Significa che per la violazione del diritto alla vita sono previste le stesse pene, non importa che l'attentatore sia ricco o povero, che appartenga a una determinata classe sociale o a un'altra (non dimentichiamo che in passato i nobili e i notabili godevano di trattamenti privilegiati). Significa che se il vertice della società (il re, il presidente della repubblica) e la persona meno in vista si ammalano, ciascuno deve essere curato. Significa che il cristiano e il musulmano possono esprimere allo stesso modo le loro opinioni, ed è vietato imporre a uno restrizioni di comunicazione che non siano imposte anche all'altro. Per esempio, a ciascuno dei due va riconosciuto il diritto di erigere l'edificio dedicato al proprio culto.

L'uguaglianza di fronte alla legge non ha la conseguenza di far diventare le vite delle persone tutte uguali come delle fotocopie, costringendo a un'esistenza uniforme e ripetitiva. Garantendo il riconoscimento dei diritti fondamentali (in primo luogo quello alla vita) da una parte e dell'uguaglianza di fronte alla legge dall'altra, ciascuno resta artefice del proprio quotidiano, del proprio futuro e della propria emancipazione.

La società di tipo orizzontale è qualificata non dal percorso che i suoi partecipanti si disegnano vivendo, ma dalla garanzia che tale percorso possa essere intrapreso da tutti in condizioni non discriminate, in cui ciascuno abbia a disposizione ogni strumento possibile.

Perché possa soddisfare queste esigenze, la società orizzontale necessita di un'organizzazione complessa e di vari dispositivi che le permettano di formarsi e progredire.

L'esistenza di posizioni dirigenziali, in cui si esercitano funzioni dalle quali sono esclusi gli altri, è quindi necessaria. Stanti il riconoscimento dell'uguaglianza e dei diritti fondamentali, a tali funzioni possono aspirare tutti i cittadini. Esse sono esercitate al servizio della collettività e non per fini personali, di un partito politico o di una fede religiosa, di amici o potenti.

La complessità non comporta, però, che l'amministrazione sia pletorica, cioè composta da un numero esorbitante di enti, ciascuno abilitato a interferire con la vita dei cittadini. Proprio perché i diritti siano tali (e non si tratti, quindi, di "gentili concessioni" del potere), l'amministrazione dev'essere snella e non invasiva, architettata al solo scopo di garantire il perseguimento degli scopi sociali, che in ultima analisi consistono nel permettere a tutti i cittadini di utilizzare lo "strumento-società" per soddisfare al meglio le proprie esigenze.

Il modello orizzontale non tollera alcuna opacità delle istituzioni: l'amministrazione non può non essere trasparente. È infatti necessario verificarne il funzionamento e controllare se effettivamente tutti sono trattati allo stesso modo, sotto qualsiasi profilo (le assunzioni del personale, l'erogazione delle prestazioni, la correttezza delle procedure...). La società orizzontale non tollera raccomandazioni e non può nemmeno convivere con un'informazione carente, faziosa o incompleta.

Nella società orizzontale, infatti, considerato il principio d'uguaglianza, ciascuno dei suoi partecipanti è titolare di una serie non indifferente di scelte, tra le quali figura anche la designazione di chi si assumerà il compito di amministrare la società. Per poter scegliere occorre conoscere le alternative; l'informazione quindi è indispensabile per l'esistenza stessa di questo tipo di società.

11.

Composizione dei due modelli

Le caratteristiche dell'uno e dell'altro tipo di società possono, in qualche misura, mischiarsi tra loro.

Può darsi che una società sia organizzata nel suo complesso in modo verticale, eppure in parte viga il sistema dell'orizzontalità.

Ciò si è verificato ripetutamente nella storia dell'umanità, per esempio quando in paesi in cui era sancita l'uguaglianza tra i cittadini era praticata la schiavitù. La Grecia classica, e in particolare la repubblica ateniese, pur essendo spesso presa come modello di società rispettosa della persona, conosceva bene questa disparità, questo considerare l'essere umano in modo diverso a seconda delle circostanze accidentali in cui si trovava, quali appunto lo status di uomo libero o di schiavo.

Oggi, alcuni stati democratici prevedono la pena di morte: la persona è inviolabile nella sua stessa esistenza soltanto entro certi limiti; se questi limiti sono superati, l'inviolabilità cessa.

La commistione può verificarsi anche nelle relazioni tra i popoli. Può darsi, per esempio, che la nazione più forte, più armata, più ricca ritenga rispettabile soltanto una parte dell'umanità, e ne consideri un'altra mero strumento, eliminabile o sfruttabile a seconda dei casi. Tutto ciò è successo, per esempio, in un periodo relativamente recente, quando la "civiltà" delle Americhe e dell'Europa aveva l'abitudine di procurarsi schiavi rubando (nel vero senso della parola) persone di altri popoli.

Il mescolamento delle due concezioni della società e dei due modelli di organizzazione determina una gamma quasi infinita di diverse possibilità, il tipo di disciplina del vivere comune, e di conseguenza il senso della parola "giustizia".

12.

Conseguenze della società verticale

Quando la persona è vista come un semplice strumento, quando ci si evolve scartando gli inadeguati, quando le relazioni si basano su competizioni nelle quali chi perde soccombe, allora si è in presenza di un modello di società verticale, che ha come valori fondanti la separazione e l'annientamento. Chi si frappone agli interessi individuali, alle finalità, alla conservazione dei privilegi di una persona, un popolo o una nazione è considerato un nemico. È altro, è diverso, non è riconoscibile come proprio simile, perché simili e riconoscibili sono esclusivamente coloro che condividono l'appartenenza al gruppo degli "eletti" (in tanti pensano in base alla vicinanza a dio), l'unico gruppo cui è concesso di andare avanti.

Gli stati che adottano tale modello sociale non prevedono misure generalizzate per garantire e tutelare il necessario affinché la persona possa formarsi le basi della propria vita, acquisendo gli strumenti per progredire (cioè istruzione, salute, lavoro).

Lo stato, la comunità non offrono servizi in tali campi, o – quando li offrono – sono scadenti. L'istruzione adeguata, quella che permette di trovarsi un lavoro dignitoso, è costosa, talvolta tanto costosa da ipotecare il futuro di chi vi si affida. Se la famiglia non può o non vuole provvedere alle spese scolastiche, lo studente contrae prestiti che dovrà rimborsare in futuro, con il risultato che buona parte del suo stipendio sarà destinata non al proprio mantenimento, all'acquisto della casa, o alle spese personali, ma a restituire il prestito. Esistono dei correttivi, come le borse di studio per chi eccelle nel profitto o nello sport, ma per la massa, per chi non si distingue, il principio di fondo è che una scuola che dia sbocchi è un privilegio per pochi.

Altrettanto succede per la salute: in alcuni paesi il ricovero in ospedale è subordinato alla titolarità di una carta di credito o di una sostanziosa assicurazione. Chi non ce l'ha non viene curato affatto, o solo in strutture caritatevoli, meno efficienti di quelle a pagamento. Non esistono, infine, garanzie sul lavoro, la concorrenza tra i lavoratori è spietata e può succedere di ritrovarsi in mezzo a una strada senza giustificazione.

Poiché, secondo questo approccio, chi ha danneggiato gli altri va neutralizzato, la soluzione più praticata nei confronti di chi commette delitti è l'esclusione dal resto della società, o attraverso la segregazione in carcere o attraverso l'eliminazione fisica (la pena di morte). Nella Repubblica popolare cinese la pena capitale ha ucciso migliaia di persone, negli stati degli Usa che la praticano ne ha uccise centinaia, mentre in tutta la federazione i detenuti sono oltre due milioni (e c'è da chiedersi se il carcere non sia usato, magari in modo non del tutto consapevole, anche per fronteggiare la disoccupazione).

Nei confronti di altri popoli è ancora il modello di società verticale ad ammettere e a giustificare la pratica della guerra. Le soluzioni delle controversie internazionali sono il frutto della stessa concezione che sta alla base della regolamentazione dei rapporti tra i cittadini di uno stesso stato. Il popolo "straniero" è altro, diverso, disconosciuto, e può (o forse deve) essere usato come uno strumento quando fa comodo, annientato invece quando danneggia. Ecco quindi che si giustificano le guerre coloniali (con le quali anche nazioni considerate raffinate democrazie si sono impossessate di sterminati territori nei continenti in cui abbondavano risorse naturali), le guerre d'espansione che hanno travagliato l'Europa per lunghi periodi, o le guerre "preventive" dei nostri giorni.

Quando il principio si applica a etnie diverse, ecco che si giustificano la schiavitù dei neri, l'apartheid in Sudafrica, la Shoah in Germania (e, per certi versi, anche in Italia). Quando si applica ai sessi, ecco che la donna è emarginata, le si vieta il contatto con il mondo esterno alla famiglia, le si nega il diritto di votare.

Tante volte succede che il disconoscimento dell'altro sia il risultato di una vera e propria educazione a non considerarlo come una persona umana.

Spesso la guerra è preceduta da un vero e proprio indottrinamento, attraverso il quale il nemico assume le sembianze del mostro.

I terribili soprusi nei confronti dei neri, d'altronde, si basavano sulla diffusione dell'idea che essi fossero esseri inferiori ("Hanno posto gli schiavi sullo stesso piano dei cristiani, e questo è contrario alla volontà divina e alla naturale divisione per razze e per colore della pelle. Per ogni buon cristiano è stato come costringerlo a inginocchiarsi per farsi incatenare. Abbiamo preferito fuggire per mantenere la nostra fede nella purezza della razza," scrive Anna Steenkamp nel

1838 per spiegare le ragioni del Grande Trek, la trasmigrazione degli afrikaner verso l'interno del Sudafrica. "Se dovremo sparire dal Sudafrica, se dovremo sparire come popolo bianco, noi, in pieno possesso delle nostre facoltà, dichiariamo al mondo intero in nome del popolo afrikaner che preferiremmo perire secondo la volontà di dio che guida il nostro destino, piuttosto che accettare il suicidio rappresentato dalla via dell'integrazione e dell'assimilazione con i neri," scrive A.B. Duprez nel 1883). E, risalendo la storia, val la pena di ricordare che in passato si discuteva se la donna fosse o meno dotata di anima.

Essendo il modello sociale basato sull'esclusione e sulla neutralizzazione, nella società verticale la sua attuazione richiede molti investimenti.

Per difendere lo spazio racchiuso entro i confini, si iniziò molto presto a cingere di mura gli insediamenti urbani. Spesso bisognava proteggersi dalle aggressioni da parte di persone che non riconoscevano gli altri come propri simili, altre volte era necessario costruirsi un rifugio per non subire le ritorsioni delle aggressioni perpetrate. Oggi, muri di migliaia di chilometri sono progettati per evitare che "diversi" riescano a immigrare in un paese più ricco del loro senza autorizzazione.

Per difendersi dai "diversi" che vivono accanto a noi, per neutralizzare i delinquenti, si costruiscono tante carceri da tenervi complessivamente segregato un numero di persone corrispondente a quello degli abitanti di una città. L'industria della "sicurezza" (misure preventive come gli allarmi, gli istituti di vigilanza, la strumentazione delle forze di polizia) è particolarmente florida, ma quel che richiama una quantità smisurata di risorse sono soprattutto gli strumenti destinati a "risolvere le controversie" tra gli stati: le armi.

Le armi sparse per il mondo sono talmente tante che, dividendo il potenziale complessivo per il numero di abitanti della Terra, ciascuno di noi si trova sulla propria testa svariati chili di tritolo, e potrebbe morire a seguito dell'uso delle armi chimiche e batteriologiche ancora esistenti sebbene convenzioni internazionali ne dispongano la distruzione. Consistenti parti del mondo sono cosparse di mine e/o di bombe a grappolo inesplose e pronte a uccidere.

La strumentalizzazione della persona, il mancato rispetto del suo valore, la gerarchizzazione dei rapporti si ripropone in termini ancor più evidenti rispetto all'ambiente, che viene sfruttato oltre le sue capacità mettendo a rischio il futuro del pianeta e delle prossime generazioni, che sperimenteranno sempre più l'accentuata carenza degli elementi essenziali per la vita, primo fra tutti l'acqua.

È conseguenza di questa stessa concezione ritenere "giusto" che il mondo si divida tra agiati e diseredati.

È indubbio, d'altra parte, che alcuni fattori tipici della società verticale possono essere visti con favore. La sua organizzazione è molto semplice. Il principio generale secondo il quale chi sta sopra ha ragione e chi sta sotto torto; chi sbaglia o non sta nello schema è allontanato o eliminato (e comunque abbandonato) e la società non ha responsabilità nei confronti dei singoli se non quella di garantire l'ordine, fa sì che la sua gestione non sia né difficoltosa né complessa.

Il modello è stato applicato per gran parte della storia dell'umanità, perciò, a uno sguardo superficiale, appare come il "naturale" modo di stare insieme delle persone. Non sono quindi necessari riflessioni o approfondimenti, né rivolgimenti culturali per giustificarlo.

Le sue radici filosofiche, che affondano nel criterio selettivo, si alimentano e a loro volta danno alimento all'affermazione che, in un sistema limitato, sia giocoforza distribuire le risorse in modo ineguale, perché non basterebbero per tutti.

13.

Conseguenze della società orizzontale

Nel modello orizzontale, le risorse sociali ed economiche vengono impiegate per garantire il rispetto della dignità di ciascuna persona, tutelandone i diritti fondamentali, primi fra tutti vita, salute, istruzione, abitazione, lavoro; poi (in ordine logico ma non di importanza), libertà di autodeterminazione e libertà attinenti alla sfera della manifestazione del pensiero in qualsiasi campo, compresi quello politico e quello religioso.

Il rispetto della persona comporta l'imposizione di alcuni limiti ai poteri dello stato nei confronti dell'individuo. È escluso, per esempio, che si possa procedere alla soppressione di qualsiasi appartenente al genere umano da parte delle istituzioni; altrettanto rifiutate sono le intrusioni nella fisicità della persona.

La cura della salute è generalizzata: spetta a tutti (purché lo vogliano), e in particolare a chi non è in grado di affrontarne la spesa. Consistenti risorse economiche sono destinate, perciò, alla sanità.

È dedicata grande attenzione all'istruzione di tutti. Nessuno può essere discriminato, anzi a ciascuno dev'essere garantita un'istruzione adeguata gratuita, indipendentemente dal reddito di cui dispone. Pertanto non solo si dedicano alla scuola risorse economiche cospicue, ma si provvede a selezionare in base alle capacità e ad aggiornare continuamente insegnanti e operatori, il cui lavoro è riconosciuto sia dal punto di vista della dignità sociale sia sotto il profilo economico.

Gli sforzi della società sono indirizzati a far sì che ciascuno dei suoi membri possa vivere in un'abitazione dignitosa e trovare un lavoro stabile, adeguato alle proprie capacità, dal quale non possa essere allontanato senza giustificazione. L'occasionale mancanza di lavoro non fa venir meno il diritto a mezzi che consentano una vita dignitosa.

Nei confronti degli altri popoli, quando il convincimento profondo è che ogni persona abbia valore e dignità, le relazioni si fondano sul riconoscimento dell'altro. Si tende all'accoglienza e all'integrazione, piuttosto che alla separazione e al rifiuto.

Il principio fondamentale del valore e della dignità della persona esclude l'eliminazione fisica dell'altro, che non è "straniero", ma simile a sé. È, appunto, persona. Non diventa un "nemico" per il solo fatto di vivere altrove, esprimere una cultura differente o avere la pelle di un altro colore e una diversa (o nessuna) religione. L'altro non è una minaccia alla sicurezza.

In questo quadro, gli armamenti possono essere previsti solo per difendersi da aggressioni da parte di chi perseveri nell'organizzarsi verticalmente credendo nello sviluppo attraverso la selezione, la separazione e l'annientamento del "diverso". In tal modo le risorse economiche possono essere indirizzate verso lo sviluppo delle popolazioni indigenti e il riconoscimento della dignità di ciascuno dei loro componenti. A questo scopo non vengono promossi interventi in forma caritatevole, ma vengono forniti gli strumenti (in primo luogo il sapere, e cioè l'istruzione) attraverso i quali ciascun essere umano possa determinare il proprio futuro.

Al rispetto della persona consegue il rispetto dell'ambiente, delle risorse naturali, della loro destinazione e durata.

Il numero delle obiezioni che possono essere mosse a questo modello sociale è davvero elevato.

Si può obiettare che la società orizzontale è antistorica e antropologicamente inattuabile perché, da una parte, non risulta essere mai stata applicata nella sua forma pura (la società si è evoluta attraverso sistemi verticali, o perlomeno misti), e dall'altra non possono essere negate forti componenti aggressive e tendenze alla strumentalizzazione insite nella natura umana che, con il tempo, trasformerebbero irrimediabilmente qualsiasi forma di società orizzontale in verticale.

Si può obiettare che la società tende più a conservare le situazioni esistenti piuttosto che a promuovere il progresso (in questo approccio sarebbe proprio la disuguaglianza a rompere con la tradizione, spingendo verso nuovi equilibri e nuove regole, da rompere ancora per progredire ulteriormente).

Si può obiettare che la società orizzontale appiattirebbe tutto e tutti, rendendo la vita monotona, togliendo stimoli verso ogni diversità, frenando le spinte a mantenere comportamenti corretti (spinte costituite dal riconoscimento e dalla promozione sociale per i meriti e dalla degradazione per i demeriti degli individui).

Ancora, si può obiettare che si tratta di un modello

improponibile a livello globale perché le risorse naturali sono insufficienti a soddisfare le esigenze di tutti, e la selezione è quindi obbligata. Che si tratta di un modello ingestibile, e perciò irreale e utopistico, proprio perché applicato alla società in generale. Se ciascuno costituisce un valore e una dignità insopprimibili, come si risolvono i casi nei quali la dignità dell'uno confligge con quella dell'altro? Per esempio, se qualcuno tenta di uccidermi, lo stato può adottare nei suoi confronti misure che confliggono con il riconoscimento del valore della sua persona? Può rinchiuderlo in prigione per evitare che raggiunga lo scopo di uccidermi? E, se lo fa, il risultato non è quello di limitare un suo diritto fondamentale – la libertà personale – disconoscendone quindi il valore?

A ognuna di queste obiezioni si può, in realtà, replicare facilmente. Solo l'ultima richiede una risposta più articolata.

Il punto di vista della prima osservazione è inesatto. In quest'ottica la storia dell'umanità è ridotta a una situazione statica, nella quale non sono mai esistiti sostanziali mutamenti e della quale, pertanto, non sono prevedibili sviluppi. Probabilmente è esatto affermare che non è ancora mai stata sperimentata completamente una società orizzontale, ma ciò non consente di escludere che a essa ci si possa avvicinare progressivamente: si può tornare con la mente al momento dello sviluppo dell'umanità (variabile a seconda dei luoghi) nel quale erano ancora praticati sacrifici umani; se non si vuole andare lontano dalla nostra cultura, si può ricordare Agamennone, disposto a sacrificare la figlia Ifigenia per placare l'ira della dea Artemide alla vigilia della partenza per Troia. Il sacrificio umano, allora, era pratica ammessa, e non era nemmeno prevedibile che sarebbe stato abolito in un futuro.

Si può riandare agli albori del cristianesimo: la schiavitù era talmente radicata nel costume dell'epoca che persino Paolo (nelle Lettere agli Efesini e ai Galati) la ammetteva, limitandosi a sollecitare un cambiamento dei rapporti tra padrone e schiavo (che schiavo, però, rimaneva). Chi avrebbe potuto prevedere l'abolizione della schiavitù circa diciotto secoli dopo? Sicuramente nessuno, perché lo status di schiavo era parte della cultura dell'epoca.

All'epoca della Santa inquisizione, quando la tortura era uno strumento praticato abitualmente non solo come sistema di acquisizione della prova, ma come supplizio, cioè come punizione per il delitto commesso, chi avrebbe anche solo attendibilmente pensato che, dopo l'illuminismo e Cesare Beccaria, la tortura sarebbe stata – almeno formalmente – abolita come pena, e solo sporadicamente rievocata (ma in generale riprovata) come strumento per acquisire informazioni?

Oggi sacrifici umani, schiavitù e tortura sono banditi, ma la sola idea di eliminarli sarebbe stata impensabile quando erano connaturati alla cultura diffusa.

Chi non ha una visione dinamica della storia sostiene che con la mafia bisogna convivere (non immaginando nemmeno che la cultura mafiosa possa essere sconfitta), e non è per nulla in grado di preventivare il sopravvenire di un modello di aggregazione sociale diverso da quello applicato con maggiore frequenza fino a oggi.

Se osservando dinamicamente la storia si rileva un progressivo calo del tasso d'aggressività dell'essere umano, nessuno può escludere che la violenza possa essere, se non eliminata, almeno contenuta (mentre, dal punto di vista statico dell'oggi, qualsiasi previsione sulla sua marginalizzazione risulta priva di attendibilità).

È conservatrice la società orizzontale? Per alcuni aspetti sì: conserva nel non eliminare, nel non distruggere. Conserva la persona. Conserva l'ambiente, opponendosi, per quanto può, a contribuire alla fine del nostro pianeta e delle nostre possibilità di vita. Si oppone a quello che viene comunemente chiamato "sviluppo insostenibile", perché basato sulla consumazione e consunzione dell'esistente.

Per il resto è propositiva e, rispetto all'oggi, per certi versi rivoluzionaria, in un mondo in cui una parte consistente della popolazione vive in povertà, più o meno un abitante del globo ogni cinque non dispone di acqua potabile, il consumo delle risorse naturali aumenta quasi esponenzialmente e non ci si cura del loro esaurimento e dell'inquinamento dell'ambiente, dove evidentemente non sono assicurati a tutti i diritti più basilari, come quello all'esistenza, e l'ambito della loro tutela è destinato a restringersi.

Un modello la cui applicazione rovescerebbe la situazione esistente sarebbe profondamente innovativo. Sarebbe attento nel valutare costi e benefici delle novità derivanti dall'applicazione di tecnologie particolarmente invasive, verificando di volta in volta, per esempio, se ottenere la maggior velocità possibile negli spostamenti valga gli investimenti che richiede o non costituisca piuttosto il soddisfacimento di un feticcio antieconomico.

Conservativo, più precisamente restaurativo del passato che ha prodotto tanti danni, è piuttosto il modello verticale: si tratta del modello vecchio, che non contempla alcuna novità e riconduce alla supremazia delle parti più istintuali della persona e alla degradazione della ragione.

Che la società orizzontale renda la vita di ognuno piatta, uniforme fotocopia di quella di chiunque altro, è un'opinione basata su un fraintendimento. L'uguaglianza di fronte alla legge non esclude la diversità. Anzi. L'uguaglianza di fronte alla legge, coniugata con il riconoscimento e la tutela dei diritti fondamentali della persona, garantisce che ciascuno possa costruirsi la vita per la quale è disposto a impegnarsi.

La società orizzontale garantisce la base, il punto di partenza dal quale sviluppare la propria esistenza, e garantisce che di questa base siano, per quanto possibile, conservate libertà personale fisica e psichica, libertà di scelta, istruzione, salute, lavoro.

Nell'ambito di tali garanzie, ognuno è, appunto, libero di costruirsi in un modo o nell'altro il proprio futuro. Nessuno è costretto a salire la scala sociale per acquisire o mantenere questa libertà.

Per quanto riguarda l'obiezione che si fonda sull'asserita scarsità delle risorse, si può rispondere che queste appaiono insufficienti perché sprecate e mal distribuite, e perché una loro parte considerevole è distratta da usi utili al bene comune e impiegata in armamenti.

L'obiezione secondo cui la società non sarebbe organizzabile se non consentendo, almeno in certe occasioni, la violazione dei diritti fondamentali della singola persona, pare invece la più centrata. La sua analisi richiede la soluzione di alcune questioni preliminari (che si affronteranno nei seguenti capitoli), a proposito dei diritti fondamentali e delle sanzioni applicate alle violazioni nei due modelli sociali.

14.

I diritti fondamentali secondo i due modelli

Nella società verticale tutti i diritti sono subordinati a una variabile esterna, tranne (ma non sempre) quelli attribuiti a chi si trova al vertice dell'aggregazione. Essendo la persona strumento, qualsiasi sua prerogativa è secondaria rispetto al raggiungimento del fine di cui è strumento.

Ancora nel periodo di Roma imperiale spettava al padre decidere se consentire al neonato di sopravvivere, in funzione dei propri interessi, convinzioni e sentimenti; nel Medioevo (ma anche oggi in alcuni stati), l'esistenza della persona era subordinata al non aver commesso un reato punito con la pena di morte; nella Grecia classica, la libertà personale del nemico era subordinata al non essere catturato e ridotto in schiavitù.

Il condizionamento del diritto di vivere o del diritto di essere libero è, nella società verticale, assoluto. Dipende dal fatto che va tutelato innanzitutto il tipo di organizzazione, secondo il quale la persona, considerata strumento, cede ai privilegi di chi si trova nei gradini alti della gerarchia sociale, la quale gerarchia interferisce a sua volta al punto da privare l'individuo subordinato della propria capacità decisionale, alla quale si sostituisce – appunto – quella del sistema. Così, per fare un solo esempio, in alcuni stati sono vietate le espressioni private di omosessualità: il diritto a determinarsi liberamente quando non è messa a repentaglio la libertà altrui è escluso perché la gerarchia impone un riferimento di "giustizia" che prescinde dal rispetto della singola persona.

Anche nella società orizzontale esistono limiti ad alcuni diritti, ma il limite, quando c'è, è sempre posto in ragione di funzionalità e reciprocità.

Innanzitutto non esistono limiti al diritto di vivere purché si sia "persone". Lo stato, le istituzioni non possono privare una persona della vita. Anche quando si verificano situazioni nelle quali non è possibile evitare che una vita sia tolta (per esempio, per liberare un ostaggio che altrimenti verrebbe ucciso o in caso di difesa contro un'aggressione), non esiste un diritto a uccidere. In tali situazioni l'omicidio è considerato inevitabile per non perdere un'altra vita (quella di chi non ha aggredito nessuno); il suo autore (ma non l'atto, che continua a essere riprovato) viene però giustificato solo se nel caso concreto l'uccisione non aveva alcuna alternativa. La vita di chiunque, anche dell'aggressore, continua ad avere valore, e il fatto che questi ne sia privato è inevitabile, ma non giusto.

Lo stesso principio legittima, indipendentemente dalla presenza di un'aggressione, l'eliminazione della vita altrui nel caso in cui si tratti di salvare – sempre unicamente quando non esistano alternative – la propria.

Poiché il riconoscimento o il rigetto del valore della persona sono i presupposti della società orizzontale, la salvaguardia della sua esistenza non dovrebbe mai essere posta in discussione. Ma quando l'esistenza è esistenza di una persona? Il problema è evidentemente delicato e complesso e si articola in modo diverso ai due estremi momenti del nascere e del morire.

A mio parere è difficilmente discutibile che l'ovulo fecondato non sia ancora persona e che lo sia ormai il feto capace di vita autonoma.

Come è chiaro che la decisione di por fine alla propria esistenza è una manifestazione del diritto di autodeterminarsi, di decidere da sé che cosa fare della propria vita: non è la "vita" il centro della società orizzontale ma la "persona"; imporre la vita a chi non sia in grado di realizzare la consapevole decisione di por fine alla propria esistenza è espressione di una gerarchizzazione di valori per il trionfo dei quali la persona è ancora uno strumento.

Il problema in una società orizzontale si trasforma in quello di individuare i limiti della legittimità dell'intervento di altri nella vita non propria (della donna sul feto, del medico sul paziente), di individuare la misura entro la quale la salvaguardia della persona si realizza, senza magari ricorrere ad altre scorciatoie di opposto indirizzo (la vita è sacra, la sofferenza redime, o, gli invalidi e i malati e chi è di peso per sé e per gli altri vanno eliminati) che confermano comunque la strumentalità della persona.

In una società davvero orizzontale, non ci sono limiti nemmeno per i diritti che tutelano l'integrità e la crescita della persona, cioè istruzione, salute, abitazione e lavoro.

Non esiste un "ordine" trascendente da conservare, non esistono gerarchie o privilegi da far rispettare. Ogni persona è uguale alle altre, e le limitazioni ai diritti di ciascuno sono giustificate soltanto nel caso in cui la loro mancanza comprometterebbe un diritto superiore dell'altro. E la limitazione dev'essere sempre reciproca.

Sotto questo profilo la natura del sistema sociale è testabile attraverso la verifica dell'interscambiabilità delle posizioni. Se, ponendo una persona al posto di un'altra, non si modifica il complesso dei diritti fondamentali che le spettano, la società è organizzata orizzontalmente; in caso contrario, la sua matrice è verticale.

15.
Le sanzioni secondo il modello verticale

Per verificare la concreta praticabilità del sistema sociale orizzontale (e rispondere all'ultima obiezione cui si accennava nel capitolo precedente), occorre riflettere sulle conseguenze del mancato rispetto delle norme.

In una società che non consente alcun tipo di violazione dei diritti fondamentali della persona – nemmeno al fine di "ristabilire la legalità" da parte delle istituzioni – può davvero essere garantita l'osservanza delle regole? Quali altri strumenti possono essere usati per evitare le trasgressioni? Come si può tutelare l'esercizio dei diritti fondamentali di tutti senza tradire il principio di base della società orizzontale (l'inclusione), che è incompatibile con la separazione, l'esclusione e l'eliminazione, cioè gli strumenti generalmente utilizzati per neutralizzare chi infrange i diritti?

Nella società verticale, in cui i diritti e i doveri, i carichi e le possibilità sono distribuiti in modo diseguale, è difficile evitare che chi è carico di doveri ma gode di diritti limitati commetta violazioni. Si ricorre allora all'applicazione di sanzioni per cercare di arginare la devianza, secondo un paradigma piuttosto semplice: se violi la regola ti infliggo una sofferenza; questo tratterrà dal violarla non solo te, ma anche coloro che vedranno la sofferenza applicata a te.

Quando si considera più importante tutelare l'eccesso di beni di cui godono i vertici di una società (per esempio i latifondisti) che garantire alla sua base adeguati mezzi di sussistenza (nel mondo, secondo la stima della Banca mondiale, nel 2001 1,2 miliardi di persone vivevano al di sotto della soglia di povertà), è ben difficile trattenere "i poveri" dal commettere furti, spacciare esigue quantità di sostanze stupefacenti, o ricorrere alla prostituzione o alla corruzione spicciola, se non prospettando e applicando una sanzione che intimidisca, cioè il carcere.

L'osservanza del diritto (la legalità) è quindi garantita minacciando e, in caso di violazione della regola, infliggendo una pena. Per essere efficace, questa pena deve prima prospettare e poi applicare una sofferenza maggiore a quella cui si andrebbe incontro se non si violasse la regola. La sanzione deve quindi consistere in un male, e il male deve almeno tendenzialmente rispondere a sua volta a una scala gerarchica, in modo che la sua intensità corrisponda alla gravità della violazione.

La parola "pena" esprime esattamente il concetto secondo cui la sanzione per chi viola i diritti altrui deve essere in primo luogo sofferenza. Il male provocato attraverso la violazione delle regole va ripagato con il male inflitto tramite la punizione.

Si parla, in questo caso, di funzione retributiva della pena, concetto che nella cultura occidentale trova una giustificazione ideologica, oltre che storica, nella regola biblica "occhio per occhio, dente per dente": "Se mi cavi un occhio, io ho diritto a cavarti un occhio, se mi rompi un dente, ho diritto a romperti un dente". L'espressione, però, è estrapolata dal suo contesto, nel quale avrebbe un significato diverso. In origine, infatti, essa aveva la funzione di limitare il diritto incondizionato e illimitato della vittima a vendicarsi di colui che le aveva provocato un'offesa, e rappresentava un progresso rispetto al periodo precedente, in cui – utilizzando analoga esemplificazione – la perdita di un occhio consentiva una vendetta di contenuto illimitato (omicidio compreso).

Proprio perché la pena deve consistere in sofferenza ed essere proporzionata alla trasgressione commessa, succedeva, per esempio, che nel Tredicesimo secolo (l'epoca in cui visse Dante Alighieri, che adottò nella *Commedia* il criterio di determinare le pene inflitte ai dannati per somiglianza o per contrasto rispetto al peccato commesso, esaltando così la corrispondenza tra peccato e condanna), il ladro venisse punito con il taglio della mano, perché era la mano a essere stata usata per rubare; che si strappasse la lingua al testimone falso, perché era attraverso la lingua che aveva espresso la falsità; che si tagliasse il piede a chi avesse partecipato a un tumulto, perché erano stati i piedi a consentirgli di muoversi e agitarsi. E perché esistesse proporzione tra il delitto commesso e la severità della pena, gli autori dei reati più gravi venivano uccisi infliggendo loro le più dolorose torture.

Il carattere afflittivo e retributivo della pena è una costante della società verticale, in cui la conseguenza di gran lunga più frequente alla violazione delle regole fondamentali consiste nella detenzione in carcere. La durata della segregazione è determinata soprattutto dalla gravità della violazione medesima.

Poiché, però, la società è impostata sulla gerarchia,

quanto più ci si avvicina ai vertici tanto più si evita, di fatto (attraverso escamotage, anche inconsapevoli, dei giudici, o attraverso la minore severità della sanzione per le violazioni tipiche di chi si trova in alto, o anche per rispettare l'immunità), la pena, che quindi resta generalmente riservata ai gradini più bassi e alla base della piramide sociale.

Che la pena di morte sia figlia della società verticale è indubbio. L'eliminazione fisica calpesta il più fondamentale dei diritti, quello alla vita.

Il collegamento culturale tra il carcere e la società verticale è altrettanto evidente. Il carcere significa, infatti, esclusione e separazione, e spesso confligge con il recupero alla società, con il reinserimento di coloro che hanno violato la regola. Chi è stato in carcere, salvo limitate eccezioni, continua a essere escluso dalla comunità anche quando ritorna libero.

Visto che la pena ha la funzione di mantenere l'ordine gerarchico, non hanno particolare rilievo le motivazioni a violare la norma e le condizioni soggettive o sociali di chi l'ha infranta. Non importa, per esempio, che il delitto sia stato commesso per sopperire a esigenze di sopravvivenza o solo per dispetto e non ha rilievo la gravità dell'offesa (che potrebbe anche essere inesistente) o del danno causato. Queste variabili possono influire sulla durata della pena, ma generalmente non hanno alcun peso sulla natura della sanzione.

Poiché la convinzione di fondo è che il male va retribuito con il male, l'efficacia della sanzione al fine di evitare futuri comportamenti devianti passa in secondo piano, fino a diventare irrilevante. Che il carcere non abbia l'effetto di impedire o di attenuare il ripetersi di violazioni da parte della stessa persona (in Italia, per esempio, su tre persone che escono dal carcere due commettono nuovi reati) alla fine non ha alcuna importanza. E parimenti non ha importanza il fatto che sotto il profilo economico i costi del carcere siano particolarmente elevati (stimabili, sempre in Italia, in una cifra di quasi centocinquanta euro per detenuto al giorno).

Per alcune persone, il carcere diviene una vera e propria scuola di delinquenza. Quando non si ha una particolare resistenza alla devianza (resistenza che può presentare anche chi ha commesso reati), quando non si hanno forti e radicate tendenze personali a reinserirsi nel tessuto sociale, il carcere porta ad affinare le tecniche di consumazione dei delitti e, soprattutto, provoca un processo psicologico attraverso il quale i detenuti le cui imprese sono più degne di nota divengono modelli da imitare, soprattutto per i giovani. La tendenza all'emulazione risponde al desiderio di salire nella gerarchia sociale dei devianti e acquistare prestigio, rispetto e potere.

La ragione per cui la società verticale è disposta a pagare anche questi prezzi è evidente: la conseguenza della violazione della regola intesa in questo modo è essa stessa criterio di selezione, per procedere a esclusione, emarginazione e separazione. La pena è funzionale all'organizzazione gerarchica della società, a dividere e a marcare la separazione tra chi deve emanciparsi e chi deve essere scartato.

Ciò risulta lampante nel caso della pena di morte che, paradossalmente, ha l'efficacia maggiore, perché rende l'eliminazione definitiva ed esclude la possibilità che chi ha infranto una volta l'ordine possa tornare a farlo.

La funzione del carcere, invece, è più articolata.

La detenzione, se temporanea, magari non esclude una nuova aggressione all'assetto sociale, non impedisce che vengano commesse nuove violazioni, ma in qualche modo certifica, protrae e garantisce la formazione a strati della società. Quando questo non sia ritenuto sufficiente, il carcere si trasforma in detenzione a vita. Può diventare senza ritorno anche quando i reati commessi non sono particolarmente gravi: per esempio, in alcuni stati degli Usa è stata introdotta la regola per cui dopo un certo numero di violazioni, a prescindere dalla gravità dai reati, non si esce più dal carcere, e si è esclusi a vita dalla società.

16.

La conseguenza della violazione secondo la società orizzontale

Il principio fondante della società orizzontale ha riflessi molto diversi sulle conseguenze dell'inosservanza delle regole.

Come si è visto, la pena di morte è assolutamente incompatibile con questo modello organizzativo. Ma anche il carcere non è coerente con i principi della società orizzontale.

Il carcere comprime, fin quasi ad annullarla, la libertà personale (la possibilità di muoversi nel territorio, di alimentare i propri affetti, di avere contatti con le altre persone, di scegliere effettivamente un lavoro e così via), e comporta in genere l'abbrutimento di chi vi è recluso. Il carcere è espressione di una concezione retributiva e afflittiva della pena, che confligge con il riconoscimento della dignità della persona; esso costituisce un ostacolo al ricollocamento nella società del detenuto, e di conseguenza al fatto che questi riprenda a dare il proprio contributo personale per l'armonico stare insieme della collettività. Infine il carcere non soddisfa gli obiettivi per cui è utilizzato: salvo impedire che chi vi è recluso commetta reati (per il solo periodo di durata della detenzione), non svolge funzioni di prevenzione speciale (in quanto non contribuisce a evitare che chi ha già violato le regole torni a farlo), non svolge funzioni di prevenzione generale (di fatto, il più delle volte la sua minaccia non costituisce un deterrente alla violazione delle regole) e, come si è visto, costa molto in termini economici alla società.

Nonostante sia così evidente l'incompatibilità tra il modello orizzontale e il carcere inteso come esclusione e afflittività, è assai raro che una società, che pure ponga alla sua base il valore e la dignità della persona, non lo adotti come sanzione per la violazione di una serie quasi illimitata di norme. E non capita spesso che anche i sostenitori del rispetto della persona mettano in discussione il sistema carcerario e la pena intesa nel senso proprio della parola. Lo dico per esperienza diretta: al di là di operatori del settore (per la verità non pochi), di occasionali illuminati e di alcuni religiosi, appena si scava emerge la convinzione che del carcere – così com'è – non si può fare a meno.

Ciò dipende, a mio parere, soprattutto dal radicamento della cultura tradizionale in questo campo e, ancora una volta, dall'incapacità di vedere la storia del genere umano nella sua dinamicità.

Salvo rari e limitati periodi, la sanzione è sempre stata identificata nella pena. Anzi, di solito la pena è stata ben più afflittiva e crudele della prigione. Fino a epoche non lontane il carcere costituiva la sala d'aspetto nella quale si attendeva che la pena fosse eseguita. Era una custodia cautelare imposta per evitare che chi doveva essere giudicato si sottraesse al processo, e chi era stato condannato schivasse l'esecuzione della pena. La quale, spesso, consisteva nella morte inferta attraverso atroci supplizi. Per esempio, Galeazzo Visconti, signore di Milano nella seconda metà del

Quattordicesimo secolo, aveva escogitato un sistema per i condannati alla pena capitale che li portava al decesso dopo quarantun giorni di torture, tra cui lo strappo delle piante dei piedi, il taglio di mani, piedi e testicoli, che culminavano nello strazio della ruota.

Il carcere, dunque, costituisce un miglioramento rispetto alle pene inflitte prima che divenisse il principale strumento per la soddisfazione delle esigenze punitive, ma risponde alla stessa logica che stava dietro a quelle sanzioni.

La ragione che ha fatto del carcere *la* risposta alla violazione delle leggi non deriva soltanto dalla tradizionale equivalenza tra sanzione, da un lato, ed esclusione e sofferenza, dall'altro.

Anche la chiesa ha contribuito non poco a consolidare questo modello culturale. Il perdono, base del pensiero di tutto il cristianesimo almeno fino alla Riforma, è stato spesso relegato nella sfera del rapporto intimo con dio, senza conseguenze nella relazione tra le persone, tra la persona e le autorità. Nel campo delle relazioni umane hanno prevalso separazioni ed esclusioni (Indice dei libri proibiti, in vigore dal 1559 al 1965, e scomunica sono due esempi di questo atteggiamento); il mescolamento dei concetti di delitto e peccato ha ridotto la persona a strumento della lotta contro il male, degradandola sostanzialmente a oggetto nei confronti del quale tutto era consentito (che poi il consentito fosse indirizzato a un'eventuale redenzione dopo la morte non ha alcun rilievo rispetto al contenuto dei rapporti terreni).

La concezione che la sofferenza sia salvifica, anche quando imposta e non accettata, ha incrementato e diffuso la cultura della funzione retributiva della pena.

Contribuisce all'accettazione del carcere anche un

aspetto culturale, che riguarda la percezione della sicurezza.

Cosa ci rende più sicuri, rispetto al lupo cattivo che vuole mangiarci (salvo, ovviamente, che venga ucciso) del fatto che stia in gabbia? Ecco allora mettere dietro le sbarre chi ha violato le regole. E poiché queste persone sono cattive come il lupo (ma al contrario di lui capiscono), bisogna anche far sentire loro che il delitto non solo non paga, ma addirittura fa soffrire.

Essendo questo il modo di pensare comune, non ci si accorge, anzi si rifiuta di credere che possano esistere alternative. Ma anche prima di Niccolò Copernico a nessuno passava per la mente che potesse essere la Terra a girare intorno al Sole e non viceversa.

La resistenza a considerare la questione delle conseguenze della violazione in una prospettiva coerente con il principio che sta alla base della società orizzontale è un segnale della diffusa incapacità di cogliere la differenza sostanziale tra i due sistemi organizzativi: la giustizia, nel modello sociale orizzontale, non ha lo scopo di punire, ma persegue il fine di riparare e riconciliare.

Se nel modello verticale la pena, e quindi la repressione penale, assumono un'importanza non trascurabile, per evidenti ragioni di tutela del sistema organizzativo, al quale sono connaturate disuguaglianze, privilegi e discriminazioni, nella società orizzontale le sedi di verifica della responsabilità sono meno concentrate sul processo penale, e in conseguenza la sanzione ha meno rilievo.

Poiché il rapporto non è incentrato sull'obbedienza, ma sul confronto e sul dialogo, la responsabilità si afferma in primo luogo nei rapporti personali: la persona risponde dei propri gesti e dei propri comportamenti a colui con il quale si trova in relazione. La responsabilità si esprime poi a livello politico, professionale, civile e amministrativo assai più che nella società verticale.

Addirittura, la responsabilità si esprime in primo luogo nei confronti di se stessi. Essendo la cultura fondata sul rispetto degli altri, costituisce un'esigenza personale verificare se il proprio comportamento sia coerente con il modello al quale ci si riferisce. Il diritto penale (ammesso che debba continuare a chiamarsi così) nella società orizzontale, dunque, è assai meno esteso e riguarda solo i comportamenti che mettono effettivamente a repentaglio i diritti fondamentali e la convivenza armonica delle persone.

Se la società è davvero organizzata in modo orizzontale, le spinte e le occasioni per violare le leggi sono assai più limitate. Certo, non scompaiono. Data la natura umana, impastata di istinto e ragione, di bene e male, di impulso e riflessione, di egoismo e amore, succederà sempre che qualcuno infranga le leggi, ma ciò avverrà con frequenza assai minore rispetto a quando non vengono riconosciuti i diritti fondamentali di ogni singola persona.

La tutela dei diritti di base produce, infatti, una sensibile diminuzione delle spinte alla devianza, non tanto per il calo della necessità di ricorrere al crimine per soddisfare esigenze primarie, quanto per la diversità dei punti di riferimento rispetto alla società verticale. Quando la cultura è improntata al rispetto della persona, quando ci si riconosce nell'altro, quando è convinzione diffusa che l'altro sia valore e dignità, e contemporaneamente le regole danno attuazione pratica e concreta a tale cultura, la spinta all'infrazione è destinata a essere marginale perché la condivisione delle regole, il più delle volte, rende superflua l'imposizione di un obbligo o di un divieto.

Nella società orizzontale, dunque, la devianza è meno diffusa. Assume i connotati della patologia, piuttosto che della fisiologia (al contrario di quanto si verifica oggi in Italia, dove intere regioni sono governate più diffusamente da poteri criminali che dalle legittime istituzioni).

Ci sarà sempre qualche marito che uccide la moglie per gelosia; qualche madre che uccide se stessa e il figlio per depressione; qualche figlio che uccide i genitori per ereditare. Ci sarà sempre qualcuno che ricorrerà alla rapina per avere più soldi, ma si tratterà di casi eccezionali, patologici. E la patologia è affrontabile come fenomeno marginale.

Poiché il primo ostacolo alla devianza sta nel modo di pensare, nella cultura, la trasgressione incontra la riprovazione della comunità – e la riprovazione è in qualche misura accettabile anche da chi ha violato la regola (cosa assai più difficile nella società verticale, dove i margini di autogiustificazione sono assai ampi per ragioni sia di cultura sia di disuguaglianza) – e non è fisiologica né particolarmente frequente.

Nella società orizzontale il diritto penale (meglio sarebbe qualificarlo come diritto delle sanzioni) serve a garantire i diritti fondamentali di ciascuno e l'uguaglianza di fronte alla legge, il che non trova corrispondenza nella tendenza attuale, comune a gran parte della cultura nord-occidentale, di penalizzare (e cioè di prevedere una pena come conseguenza delle violazioni di legge) la gran parte dei comportamenti trasgressivi, e in conseguenza di estendere a dismisura l'applicazione del carcere.

Le violazioni non sono tutte uguali. Se si focalizza l'attenzione su quelle che oggi sono punite con il carcere, si notano grandi differenze tra l'una e l'altra. Una violazione può essere determinata dalla passione, dall'impulso o dal freddo calcolo; essere occasionale o far parte di un disegno; mettere a repentaglio l'integrità fisica o psicologica di un individuo, o quella del patrimonio; aggredire beni individuali o beni comuni; causare danni irreparabili, rilevanti, minimi o trascurabili e via dicendo. Ciascuna violazione dovrebbe essere affrontata utilizzando misure appropriate.

Senza dimenticare che la conseguenza di ogni singola violazione andrebbe individuata con riferimento alle specifiche caratteristiche dell'autore e del tipo di fatto commesso: non sarebbe più opportuno prevedere, per chi abbia investito una persona, oltre alla sospensione della patente di guida per un lungo periodo, l'obbligo di prestare la propria assistenza per una serie di weekend in un ospedale dove giungono le vittime degli incidenti stradali, piuttosto che minacciare di metterlo in prigione?

Non sarebbe più produttivo costringere chi abbia costruito un edificio in contrasto con la salvaguardia dell'ambiente, dei diritti delle altre persone e della sicurezza di chi vi abiterà, non solo ad abbattere l'edificio, ma a riportare a quel che era il luogo messo a soqquadro dalla costruzione, e ad accompagnare il tutto con il pagamento di una somma per risarcire del disagio subìto la cittadinanza?

Individuando caso per caso la risposta più idonea alla violazione, tenendo presente il fine di recuperare la persona alla società, i casi nei quali ricorrere a una struttura di detenzione risulterebbero limitati, in sostanza, a quelli in cui fosse necessario impedire che la stessa persona commetta ulteriori violazioni; di carcere si potrebbe cioè parlare soltanto quando non si riesca a ottenere altrimenti lo stesso risultato.

Esclusi questi casi, tutto il resto va affrontato con altri strumenti. Per individuarli è necessario, in primo luogo, distinguere tra la posizione della vittima e quella di chi ha causato il danno.

17.

Vittima e responsabile

Come può essere risarcita la vittima, come può essere riparata la situazione? Nella gran parte dei casi la vittima è appagata dal ripristino della situazione precedente la violazione, dal risarcimento del disagio patito e dal riconoscimento del diritto violato. Chi subisce il furto dell'auto è soddisfatto (risarcito) dal suo ritrovamento, dalla rifusione dei danni materiali che l'auto ha subìto e dal riconoscimento del disagio che l'esserne stato privato ha comportato, dal riconoscimento della sua ragione da parte della collettività. Chi è diffamato pubblicamente su un giornale o in televisione è soddisfatto se la sua reputazione viene ristabilita con una smentita, se viene compensata la sofferenza derivante dall'essere stato infangato, se gli si porgono le scuse. Le situazioni analoghe sono tantissime; analoga è anche la via per risarcire chi le subisce.

Esistono però altre trasgressioni, la cui conseguenza non è (almeno non completamente) eliminabile attraverso comportamenti successivi. Colui cui è stato amputato un arto; chi è stato sottoposto a tortura; i genitori di un bimbo morto in un incidente stradale; la donna stuprata; i parenti della vittima di un omicidio come possono trovare soddisfazione? È evidente che in questi casi la privazione non può essere reintegrata, la perdita (dell'arto, dell'integrità fisica e psichica, del figlio, dell'inviolabilità personale, del congiunto) non può essere cancellata. Può, però, in qualche misura, essere restaurato il valore perduto o essere compensata la perdita irrecuperabile. Sono state sperimentate diverse vie, spesso con risultati positivi.

In Sudafrica la Commissione per la verità e la riconciliazione ha permesso di riappacificare il paese passato dalla dittatura di una minoranza bianca sulla maggioranza nera, dall'apartheid, alla democrazia. Le atrocità commesse dai bianchi per mantenere la segregazione dei cittadini di colore spesso comprendevano la tortura e l'omicidio. Ci si sarebbe aspettata la guerra civile, che è stata evitata proprio perché la Commissione è stata capace di attuare un percorso attraverso il quale vittime e carnefici si sono riconciliati.

La Commissione è stata la conseguenza della constatazione "che, se non si fosse approntato un meccanismo per gestire le ingiustizie del passato, quelle stesse ingiustizie avrebbero continuato ad affliggere il nuovo governo e a minacciare le fragili strutture della giovane democrazia", come ha precisato l'arcivescovo Desmond Tutu in un'intervista di qualche anno fa.

La Commissione è stata un luogo in cui "sia le vittime sia i carnefici hanno avuto la possibilità di confrontarsi come esseri umani. Alcuni hanno avuto il merito di riconoscere la nostra comune vulnerabilità come creature umane, e in quel contesto di dare e ricevere perdono". Per giungervi, "in primo piano stanno il riconoscimento di un comportamento sbagliato, l'ammissione e le scuse a coloro che sono stati colpiti da questo comportamento sbagliato. [...] La genuinità del pentimento deve essere dimostrata dalla forma della riparazione". Cosa resta alla vittima in questi casi, come è compensata delle perdite che ha subìto? La vittima riceve l'informazione di come sono andati i fatti, acquisisce "la verità", ottiene la considerazione della comunità nella quale vive, si appropria della sua dignità di persona; riceve la confessione del colpevole, vale a dire l'ammissione da parte di costui di essere stato l'ingiusta causa del dolore. La lacerazione subita viene riparata, per quanto è possibile.

L'idea di base, quella secondo cui il colloquio, il confronto tra la vittima e il colpevole (alla presenza di soggetti che agevolano il percorso) porta alla riparazione, costituisce il fondamento di procedure analoghe che non riguardano necessariamente questioni epocali come la fine dell'apartheid in Sudafrica, procedure che con frequenza danno risultati soddisfacenti. Si tratta di sistemi adottati in vari stati (tra cui Australia, Stati Uniti, Canada, Francia, Germania, Austria, Belgio e anche Italia), soprattutto nell'ambito della devianza minorile.

Per rendersi approssimativamente conto di come funziona il meccanismo si può schematizzare la procedura australiana applicata ai minorenni. La polizia conduce l'incontro; vi partecipano l'autore del fatto lesivo, la vittima, i loro familiari e membri della comunità in cui queste persone vivono. La vittima è invitata per prima a partecipare. Chi ne ha leso i diritti racconta come si sono svolti i fatti; la vittima, dopo che tutti hanno discusso il caso, propone il contenuto della riparazione; se la richiesta è accolta, si stipula l'accordo di risarcimento.

Il percorso serve per restituire dignità alla vittima e per riparare i danni subiti, ma nello stesso tempo ha lo scopo di recuperare il trasgressore alla società, suscitando in lui sentimenti di vergogna che contribuiscono a rendere possibile la reintegrazione. Si tratta di un processo che facilita l'assunzione di responsabilità attraverso la conoscenza (del fatto e della vittima).

Riconciliare, riparare, mediare, reintegrare sono parole che indicano l'azione di rimettere insieme quel che era stato spezzato, di ricreare il tessuto sociale strappato dalla violazione. Se l'operazione riesce, ha effetti di prevenzione speciale (se il trasgressore si è effettivamente reinserito nella società è improbabile che torni a discostarsene) e di prevenzione generale (la tensione verso l'armonia del vivere insieme minimalizza le istanze di devianza; la riprovazione generale e la vergogna personale trattengono dal violare le leggi). È assai più efficace del carcere, che si è rivelato scuola di delinquenza e fabbrica di recidivi.

Ovviamente, specie nei casi in cui la lesione è stata particolarmente grave, sono necessarie misure complementari (di carattere, in genere, sanitario e psicologico) che aiutino la vittima a superare il trauma subìto.

Per chi ha causato il danno, la procedura non sempre è attuabile, e non sempre è sufficiente. Non può essere attuata quando manca chi si riconosca come vittima specifica di quel comportamento, per esempio quello tenuto dall'evasore fiscale o, in una prospettiva diversa, dal trafficante di stupefacenti; e non è sufficiente quando non porta a modificare l'atteggiamento psicologico che ha determinato la violazione. Nel primo caso un percorso proponibile potrebbe coinvolgere nel ruolo di vittima l'intera comunità, rappresentata da chi sia stato particolarmente toccato dalla violazione, pur non esistendo una netta correlazione tra la situazione di svantaggio o di sofferenza e l'infrazione. La riconciliazione, la mediazione potrebbero intervenire, per stare agli esempi proposti, con coloro che non hanno potuto ottenere adeguati servizi per carenza di fondi pubblici; o con persone che stiano seguendo un percorso di disintossicazione. Oppure potrebbero scegliersi strade diverse nelle quali il confronto avvenga fra il trasgressore e professionisti specializzati nella riconciliazione.

Nel secondo caso, e cioè quando l'atteggiamento psicologico del trasgressore non cambia, il percorso può essere assai lungo, e addirittura non finire mai. È allora necessario che, finché dura il rischio di compromettere diritti fondamentali altrui, colui che ha violato la norma sia messo nelle condizioni di non nuocere. Ciò può comportare anche la limitazione della libertà personale di movimento, la materiale separazione dal resto della società di colui che ha trasgredito.

18.

Limiti alla libertà personale

Si può ora tornare all'obiezione prospettata nelle pagine precedenti, secondo cui il vivere insieme non potrebbe essere organizzato senza ammettere che, almeno in alcune occasioni, vengano compromessi i diritti fondamentali di singoli componenti la collettività, e tra questi quello basilare della libertà personale.

Ora, nella prospettiva e nel contesto di una società organizzata e rispondente a diversi punti di riferimento, infatti, la questione è notevolmente ridotta.

Si tratta – in linea di principio – di verificare se e quanto una struttura di detenzione possa essere applicata non al fine di infliggere una pena, né per scopi retributivi, non a fini di prevenzione generale, ma soltanto per neutralizzare coloro che, comunque, continuerebbero ad attentare ai diritti altrui se reimmessi nella società. Si tratta di casi sporadici, nei quali la separazione ha una natura diversa dalla carcerazione. È solo impedimento fisico a nuocere ulteriormente, ed è funzionale al recupero stesso della persona, che rimane l'obiettivo primario di ogni intervento.

Il rispetto della dignità dell'essere umano impone che una misura tanto limitante quanto la privazione della libertà personale sia ammissibile esclusivamente quando siano messi a repentaglio diritti fondamentali di maggiore o pari rilievo. Secondo questa impostazione, il rispetto della dignità esclude che siano consentite sofferenze fini a se stesse, o determinate da istanze retributive. La durata delle limitazioni della libertà deve essere proporzionale alle necessità di recupero piuttosto che alla gravità della violazione, e la neutralizzazione non può comportare la limitazione di diritti personali che non confliggono con le esigenze di tutela della collettività.

Non ci si può nascondere che il passaggio dal sistema della sanzione al sistema del recupero richiede tempo e modularità. Il percorso deve però essere modellato sulla base di alcuni punti fermi.

La neutralizzazione va attuata con strumenti diversi dalla detenzione tutte le volte in cui essi siano sufficienti. Anche nel caso in cui non esistano alternative, la limitazione della libertà personale deve rispettare la dignità dell'individuo.

Il regime detentivo non può, di conseguenza, comportare un degrado di chi lo subisce, sia sotto il profilo fisico sia sotto quello psicologico.

Non è pertanto consentita la detenzione in strutture eccessivamente affollate; le relazioni affettive non possono essere troncate o limitate se non in funzione di esigenze organizzative o di effettiva e concreta tutela della collettività; l'istruzione e il lavoro devono rappresentare la norma; la salute va garantita quanto quella delle persone libere; la disciplina interna va modellata sulla falsariga dei principi che organizzano la società in generale; non può essere limitata la capacità giuridica del detenuto, se non quando necessario per impedire nuove violazioni o il raggiungimento delle finalità perseguite con le violazioni precedenti.

Nello stesso tempo non soltanto va progressivamente incrementato il ricorso agli strumenti riconciliativi e riparativi tipici della società orizzontale, ma va anche ridotto via via il ricorso al processo penale, che pare esso stesso, per tanti versi, poco compatibile con il modello orizzontale di organizzazione della società.

19.
Società verticale, società orizzontale, ideologia e religione

Spesso si ritiene che le ideologie di destra siano fautrici di una struttura sociale verticale; mentre quelle di sinistra perseguano un'organizzazione orizzontale, modello questo suggerito anche dalla religione più diffusa nella civiltà di cui facciamo parte, il cristianesimo.

È, in effetti, caratteristica della destra organizzare la società in modo piramidale, basandosi sul presupposto che sia naturale usare la persona umana come strumento. Non c'è bisogno di entrare nei particolari per verificarlo, basta ripercorrere la storia degli ultimi due secoli per constatare come la crescita dei diritti individuali sia coincisa, in varie parti del mondo, con il superamento di regimi di destra radicale. Va tuttavia rilevato che il riferimento al modello verticale è, in svariate esperienze, fortemente mitigato da aspetti solidaristici che avvicinano sensibilmente talune società governate dalla destra ad alcuni tratti tipici dell'organizzazione orizzontale.

È anche vero che l'ideologia di destra prevede una società modellata gerarchicamente con disuguale distribuzione di diritti e doveri e difetto di garanzie per le persone che si trovano negli strati più bassi della società. Succede però che talvolta ordinamenti dichiaratamente di destra escludano la pena di morte, tutelino alcuni diritti basilari, curino particolarmente la salute e l'istruzione, si preoccupino dell'occupazione anche sotto il profilo della garanzia dei lavoratori e non solo sotto quello delle esigenze di produttività. Insomma, l'organizzazione della società secondo la destra tende culturalmente verso il verticale, ma talvolta nella pratica si discosta non poco dal modello paradigmatico, giungendo a organizzare la società in modi non particolarmente dissimili a società che non fanno riferimento a tale ideologia.

Sull'altro fronte, è in qualche misura diffusa la credenza che l'ideologia di sinistra sia basata sul riconoscimento della persona e sulla tutela dei suoi diritti fondamentali. Vera o falsa che sia questa convinzione, l'applicazione del modello organizzativo di sinistra ha portato in genere a risultati concreti di segno diametralmente opposto, in particolare nei regimi del "socialismo reale": deportazioni, massacri, profonde limitazioni alla libertà personale e alla libertà di pensiero, intolleranza delle idee altrui, creazione di gerarchie sostanzialmente identiche a quelle dei paesi retti da governi della destra più estrema. Insomma, molto spesso, alla base dell'organizzazione sociale anche da parte della sinistra è stata la concezione della persona come strumento, concezione da cui deriva un'organizzazione verticale della società.

Le posizioni cosiddette di centro sono per definizione il mescolamento dell'una e dell'altra idea. Proprio per questo presentano caratteristiche di entrambe, e in alcuni casi risultano schizofreniche, ambigue, incoerenti e contraddittorie (aspetti peraltro non raramente condivisi dalle posizioni estreme di destra e sinistra).

Governi di matrice politica opposta hanno praticato, seppur indicandolo con termini diversi, il colonialismo (che, sia ricordato per i lettori più giovani, consiste nell'occupazione permanente di nazioni estranee, rivendicando la legittimità dell'invasione con il dichiarato scopo di educare, "redimere", o addirittura "liberare" gli abitanti del paese aggredito, ma con l'effettiva e praticata intenzione di sfruttarne le risorse e sottometterne i cittadini), lo sterminio di massa, lo sfruttamento della manodopera, la limitazione o l'esclusione della libertà di pensiero e di culto, e l'imperialismo.

Per quel che riguarda la religione che ci tocca più da vicino, il cristianesimo, si possono trovare i segni più diversi di entrambe le concezioni.

Già si è visto che nelle Scritture esistono riferimenti a modelli di giustizia diametralmente opposti (e propri rispettivamente dell'uno e dell'altro tipo di società). Sul piano pratico sono state bandite e combattute le crociate (spedizioni giustificate dalla volontà di liberare i luoghi santi dagli "infedeli" – dichiarandoli già con tale appellativo privi della dignità riservata ai cristiani – ma in effetti dettate, per molti, da calcoli commerciali, economici ed espansionistici); è stata teorizzata e praticata l'inquisizione (migliaia di persone torturate e bruciate per i loro rapporti con il demonio e l'eresia); sono stati benedetti regimi totalitari che hanno annullato qualsiasi libertà (sono note, per esempio, le posizioni della chiesa sul dittatore spagnolo Franco e su quello cileno Pinochet), condividendo così il modello culturale secondo il quale la persona è strumento.

Il fatto che contemporaneamente il cristianesimo abbia espresso Francesco d'Assisi, Lorenzo Milani,

Teresa di Calcutta e tanti altri, la cui opera ha mostrato il valore attribuito alla persona anche indipendentemente dalla valenza del suo rapporto con dio, non elide la posizione opposta.

Anche perché la chiesa stessa, intesa come istituzione temporale, con la rigorosa gerarchizzazione della sua struttura si è modellata per secoli sul paradigma della società verticale. Basti pensare all'imposizione dell'obbligo all'obbedienza, con rinuncia o contenimento dell'autonomia delle proprie idee in funzione della supremazia del pensiero del superiore gerarchico e alla perseverante tendenza a imporre agli altri la propria verità.

L'impossibilità di stabilire una netta correlazione tra le due ideologie, tra il credo religioso e questo o quel modo di considerare la persona e, in conseguenza, di ritenere legittimo uno piuttosto che l'altro modello di organizzazione sociale crea confusione e incertezza, le quali alla fine, pur dietro maschere e mistificazioni, favoriscono una sostanziale adesione al modello più semplice e istintivo, quello della società verticale.

E ciò avviene a dispetto del fatto che proprio l'esasperazione delle caratteristiche di questo modello, che il mondo ha largamente sperimentato nella prima metà del secolo scorso, abbia portato la comunità civile a un passo dal ripudiarlo.

La considerazione della persona come strumento, infatti, ha costituito il substrato culturale, il modo di intendere relazioni, il criterio per individuare punti di riferimento, sul quale hanno poggiato le guerre mondiali, la Shoah, l'uso della bomba atomica, e da cui sono derivate le tragedie e i drammi che tali eventi hanno accompagnato.

Parte terza

Verso una società orizzontale

20.
Il tentativo di giustificare il diritto alla fine del secondo millennio

Uscita dal disastro della Seconda guerra mondiale, quando è stata in grado di osservare la tragedia che si era prodotta, la comunità internazionale ha cercato di porre le basi perché i drammi vissuti fino a quel momento non si ripetessero più.

Alla fine del 1948 l'Assemblea generale delle Nazioni Unite ha enunciato la Dichiarazione universale dei diritti umani. Il preambolo evidenzia il collegamento con l'allora recentissimo passato ("Il riconoscimento della dignità inerente a tutti i membri della famiglia umana e dei loro diritti, uguali e inalienabili, costituisce il fondamento della libertà, della giustizia e della pace nel mondo. [...] Il disconoscimento e il disprezzo dei diritti umani hanno portato ad atti di barbarie che offendono la coscienza dell'umanità"). Il preambolo sottolinea la necessità di trasfondere alcuni principi generali nel contenuto delle leggi: "È indispensabile che i diritti umani siano protetti da norme giuridiche, se si vuole evitare che l'uomo sia costretto a ricorrere, come ultima istanza, alla ribellione contro la tirannia e l'oppressione. [...] I popoli delle Nazioni Unite hanno riaffermato nello Statuto la loro fede nei diritti umani fondamentali, nella dignità e nel valore della persona umana, nell'uguaglianza dei diritti dell'uomo e della donna, e hanno deciso di promuovere il progresso sociale e un miglior tenore di vita in una maggiore libertà. [...] Gli stati membri si sono impegnati a perseguire, in cooperazione con le Nazioni Unite, il rispetto e l'osservanza universale dei diritti umani e delle libertà fondamentali. [...] Una concezione comune di questi diritti e di questa libertà è della massima importanza per la piena realizzazione di questi impegni".

Gli articoli di cui è composta la Dichiarazione identificano i diritti fondamentali della persona. Premesso che "tutti gli esseri umani nascono liberi ed eguali in dignità e diritti [...] senza distinzione alcuna, per ragioni di razza, di colore, di sesso, di lingua, di religione, di opinione politica o di altro genere, di origine nazionale o sociale, di ricchezza, di nascita o di altra condizione", si riconosce che chiunque "ha diritto alla vita, alla libertà e alla sicurezza della propria persona"; si afferma che nessuno può esser ridotto o tenuto in schiavitù; si asserisce che tutti sono uguali di fronte alla legge, che chiunque ha libertà di pensiero, di opinione, di religione, di associarsi pacificamente; si sostiene che ciascuno ha diritto alla proprietà, al lavoro, alla famiglia, al riposo, alla cura della propria salute, all'istruzione.

Purtroppo si tratta soltanto di indicazioni: l'Assemblea dell'Onu ha proclamato la Dichiarazione "come ideale comune da raggiungersi da tutti i popoli e da tutte le nazioni, al fine che ogni individuo e ogni organo della società, avendo costantemente presente questa Dichiarazione, si sforzi di promuovere, con l'insegnamento e l'educazione, il rispetto di questi diritti e di queste libertà e di garantirne, mediante misure progressive di carattere nazionale e internazionale, l'universale ed effettivo riconoscimento e rispetto tanto fra i popoli degli stessi stati membri, quanto fra quelli dei territori sottoposti alla loro giurisdizione". Si tratta dunque di indicazioni, che non hanno il potere di obbligare i singoli stati, membri delle Nazioni Unite, a dar loro attuazione; che le loro leggi non contraddicano la Dichiarazione resta soltanto un auspicio.

Non si è potuto (o non si è voluto) andare oltre, ma si è comunque introdotto un principio. I disastri e le nefandezze che il genere umano aveva compiuto nella prima metà del secolo hanno convinto la comunità internazionale che fosse necessario ancorare le leggi a riferimenti a esse sovraordinati.

Benché solo in linea di principio, si è comunque affermato che può diventare contenuto del diritto, cioè esser trasfuso in legge, solo quanto è conforme alla Dichiarazione universale dei diritti umani, e mai qualcosa che la contraddica.

21.
Limiti delle regole internazionali

I principi enunciati nella Dichiarazione universale dei diritti umani fondano una società di tipo orizzontale: la persona non può essere considerata strumento. Essa è anzi il fine al quale va garantita possibilità di vita e di emancipazione, cioè di esistere dignitosamente coltivando la propria libertà.

La Dichiarazione è nata dal convincimento profondo di coloro che l'hanno adottata – per certi aspetti il mondo intero – che avevano imparato dalle esperienze vissute negli anni immediatamente precedenti.

Si trattava, però, di un pensiero assai giovane (fino ad allora, nella storia, calpestare la persona era stata la regola). Perché si radicasse era necessario agire, cambiare, sforzandosi di abbandonare tanti privilegi e posizioni di supremazia che continuavano a resistere.

Negli Stati Uniti la schiavitù era stata abolita da circa ottant'anni; tuttavia i neri erano ancora fortemente discriminati, come se si trattasse di una specie inferiore. Le scuole per i bambini bianchi erano separate da quelle per i piccoli di colore; ai neri era impedito di accedere ai posti riservati ai bianchi sui mezzi pubblici (poteva accadere che chi si rifiutava venisse arrestato); era umiliante la diversità dei servizi igienici pubblici loro consentiti rispetto a quelli destinati ai bianchi. In Sudafrica esisteva l'apartheid (i neri e, da un certo momento in poi, gli asiatici, erano segregati in aree prestabilite, come le *townships*, città o meglio ghetti privi dei servizi essenziali; subivano restrizioni nell'istruzione, nell'uso dei servizi pubblici e così via), e la quasi totalità degli stati africani era ancora una colonia europea. Tendenze conservatrici del passato e tentativi di cambiamento attraverso la violenza hanno reso estremamente difficile mettere davvero in pratica la Dichiarazione universale dei diritti umani, e cioè muoversi in modo deciso dalla società verticale a quella orizzontale. E il fatto che, come si è visto, la Dichiarazione dei diritti umani non sia una "legge", e non obblighi gli stati a esserle fedeli nell'emanare le proprie norme interne e nel tenere i propri comportamenti, non ha certo aiutato ad attenuare le difficoltà.

Ma anche nel caso in cui la Dichiarazione fosse stata una "legge", ben difficile sarebbe stata la sua attuazione in mancanza di un'adesione spontanea e volontaria da parte di ciascuno degli stati ai quali era diretta. Il diritto internazionale, infatti, soccombe spesso alla forza dei singoli governi, e non ha la capacità di farsi rispettare da tutti, in particolare dagli stati economicamente o militarmente più potenti.

I motivi che avevano portato ad affermare in maniera così clamorosa l'esistenza di diritti insopprimibili sono stati presto dimenticati. Pare proprio che il genere umano non conservi memoria della sua storia, di quel che ha fatto, imposto o subìto, se non per brevissimo tempo.

Nonostante le riflessioni che hanno condotto all'elaborazione della Dichiarazione universale dei diritti umani; nonostante la sua adozione; nonostante l'impegno solenne di tante nazioni a evitare il ricostituirsi (o il protrarsi) di modelli sociali che mettessero di nuovo a repentaglio la vita e la libertà delle persone, nel giro di poco tempo quel barlume di equa distribuzione di possibilità e di carichi, che pareva voluta da tutti, si è trasformato ancora una volta – soprattutto nei rapporti tra gli stati e tra i relativi cittadini – in una marcia, quasi a tappe forzate, verso una società di disuguaglianze e discriminazioni, in cui i rapporti tra le nazioni e quelli tra le persone sono modellati sullo schema della società verticale.

Vale la pena di domandarsi una volta ancora perché alla fine delle guerre mondiali, della Shoah, dopo le bombe atomiche – mostrando per la prima volta una volontà di rottura con il passato – la comunità internazionale avesse deciso di individuare alcune regole fondanti, che rappresentassero la base per la convivenza tra le persone. Vale la pena di domandarsi perché sia accaduto proprio allora.

Credo che la risposta stia nel fatto che la tragedia era appena stata vissuta. Le persone, i singoli, avevano conosciuto le atrocità, le tragedie, i lutti, le discriminazioni, le prevaricazioni. Molti ne avevano ancora traccia sulla pelle, moltissimi nel cuore: genitori che avevano perso i figli, sorelle che avevano perso i fratelli, figli che avevano perso i genitori. E poi il ribrezzo, qualche volta il senso di colpa, per quel che era capitato all'amico o al vicino di casa. E l'immagine di intere città rase al suolo; il ricordo della vita da "sfollati", lontani dai riferimenti della propria esistenza.

La memoria era viva, era talmente viva che lo spirito si è ribellato a tanto sfacelo, oltre che alle sensazioni di insicurezza e al disagio che toccavano ciascun essere umano. È prevalsa, allora, la consapevolezza che ciascun individuo sarebbe stato tutelato soltanto se anche gli altri, tutti gli altri, fossero stati tutelati. Si aveva ancora negli occhi l'apocalisse, e sulle ceneri di un mondo fondato sulla disuguaglianza e sulla sperequazione si provava a costruire un progetto nuovo. Un progetto che, proprio a causa delle esperienze appena vissute, poteva partire solo dal riconoscimento dei diritti fondamentali di tutti.

Il passare del tempo, però, offusca la memoria fino ad annullarla.

22.

Un tentativo di società orizzontale: la Costituzione italiana

Prima ancora che a livello planetario fosse enunciata la Dichiarazione universale dei diritti umani, in Italia è entrata in vigore la Costituzione, ispirata dalle stesse convinzioni.

Una costituzione è l'insieme delle disposizioni che stabiliscono i principi di base attraverso i quali regolare i rapporti tra le persone, che determinano il modello organizzativo della società e individuano i diritti inderogabili, inviolabili e insopprimibili, e i doveri ai quali non ci si può sottrarre. È la legge fondamentale, che informa tutte le altre norme emanate in uno stato. A grandi linee ha le stesse funzioni che in passato svolgeva il diritto naturale: come allora le leggi venivano considerate giuste (o ingiuste) a seconda della loro coincidenza (o del loro contrasto) con il diritto naturale, così oggi esse sono legittimate dalla conformità alla costituzione.

Si è tornati, dunque, a valutare il diritto non in base alla sua paternità (che comunque rimane un presupposto essenziale, perché, ovviamente, le leggi possono essere emanate soltanto dalle istituzioni incaricate di farlo), ma in base al suo contenuto.

Con la differenza che questo è scelto tramite un accordo fra tutti i cittadini.

L'assemblea delegata a elaborare la Costituzione è stata eletta a suffragio universale (con il voto, cioè, sia degli uomini sia delle donne, fino ad allora escluse dalle elezioni) il 2 giugno 1946, lo stesso giorno in cui i cittadini italiani hanno deciso, tramite referendum, che lo stato assumesse la forma di repubblica, ponendo così fine alla precedente struttura monarchica. Il 27 dicembre 1947 la Costituzione è stata promulgata, e il primo gennaio 1948 è entrata in vigore.

L'Italia era da poco uscita dal fascismo, disegnato sulla falsariga delle società verticali, ove pochi avevano la possibilità di incidere pesantemente sulla vita di tanti. Le manifestazioni del sistema verticale in epoca fascista sono state davvero tante. Tra l'altro, erano stati aboliti tutti i partiti politici e i sindacati diversi dal partito e dal sindacato fascista (cui gli italiani sono stati praticamente costretti a iscriversi: i pochissimi che si sono rifiutati sono stati collocati ai margini della società), con conseguente abolizione della libertà di esprimere il proprio pensiero, di associarsi, di riunirsi, di manifestare idee politiche diverse da quelle del regime. Tramite il "confino", misura di polizia introdotta nel 1926, le persone ritenute "pericolose all'ordine nazionale dello stato" (e cioè gli oppositori politici) erano state costrette a vivere emarginate in un comune, il più delle volte su una piccola isola, senza possibilità di allontanarsi. Con le leggi razziali del 1938 si sono discriminate le "persone di razza ebrea", imponendo loro una serie di divieti che li degradava a un livello bassissimo della gerarchia sociale sino a espellerli dalla comunità civile.

Appena usciti dal fascismo e dalla guerra, la situazione di fronte alla quale si trovava l'Assemblea costituente era peggiore di quella sulla quale si sarebbero poi pronunciate le Nazioni Unite. L'Italia aveva contribuito fattivamente al verificarsi dei disastri che avevano coinvolto il mondo intero. Si trattava anche di rispondere dei crimini contro l'umanità commessi durante il fascismo. Anche per questo la presa di posizione della Costituzione italiana è stata assai più determinata e incisiva di quella della Dichiarazione universale.

23.

Prima di tutto la persona

Che la scelta dell'Assemblea costituente sia orientata verso il modello di società orizzontale è evidente. L'impianto complessivo della Costituzione è costruito intorno al riconoscimento di valore e dignità della persona.

Proprio perché *ciascuna* persona è un valore, "la Repubblica riconosce e garantisce i diritti inviolabili dell'uomo, sia come singolo sia nelle formazioni sociali ove si svolge la sua personalità, e richiede l'adempimento dei doveri inderogabili di solidarietà politica, economica e sociale". E perché si sia tutelati allo stesso modo, "tutti i cittadini hanno pari dignità sociale e sono uguali davanti alla legge, senza distinzione di sesso, di razza, di lingua, di religione, di opinioni politiche, di condizioni personali e sociali". Non è un'affermazione di principio, ma una norma di legge, un impegno che vincola le istituzioni. Infatti, è "compito della Repubblica rimuovere gli ostacoli di ordine economico e sociale, che, limitando di fatto la libertà e l'uguaglianza dei cittadini, impediscono il pieno sviluppo della persona umana e l'effettiva partecipazione di tutti i lavoratori all'organizzazione politica, economica e sociale del paese". Esattamente il contrario della società verticale, basata sulla sperequazione e sulla strumentalizzazione della persona.

I principi contenuti in queste disposizioni (articoli 2 e 3) sono la pietra angolare della Costituzione; tutto il resto (in origine gli articoli erano 139, cinque dei quali sono stati abrogati nel 2001 attraverso una revisione costituzionale in materia di federalismo) è specificazione (che riguarda ora la sostanza, ora le forme) ed esplicitazione di quei principi fondanti.

Riconosciuta l'esistenza di diritti fondamentali irrinunciabili, inalienabili, insopprimibili, una parte della Costituzione è dedicata alla loro identificazione. Operazione cruciale, perché il loro numero e la loro qualità determinano quanto l'organizzazione dello stare insieme sia indirizzata verso il modello di società orizzontale.

Se i diritti fondamentali sono esigui, se sono male individuati, il parlamento non incontra ostacoli nel limitare attraverso le sue leggi la libertà e le prerogative di settori della cittadinanza. Per questo una parte qualificante della carta fondamentale è dedicata a individuare e delineare i diritti inderogabili di tutti: tra gli altri, il diritto alla libertà personale, alla libertà di pensiero, alla libertà di movimento, alla libertà di religione, al lavoro, alla salute, all'istruzione.

Nella prospettiva adottata, la guerra non è consentita (la parola usata dal costituente è "ripudia", un termine straordinariamente più categorico di tutti i suoi sinonimi, che non consente interpretazioni che lo ammorbidiscano) come strumento di aggressione alla libertà altrui o di soluzione di controversie internazionali.

La Costituzione stabilisce anche i limiti dei diritti fondamentali: per esempio, dopo aver riconosciuto il diritto ad associarsi, vieta le associazioni segrete e quelle che perseguono scopi politici attraverso organizzazioni di tipo militare.

I diritti fondamentali sono la sostanza, ma la sostanza può essere messa a rischio, addirittura cancellata, dalla forma. Per evitarlo, perciò, la Costituzione precisa le forme, cioè le procedure, i modi, i sistemi attraverso i quali le istituzioni (il "potere") gestiscono se stesse e i rapporti con i cittadini, e questi ultimi si relazionano tra loro.

Perché i diritti fondamentali siano garantiti, perché tutti siano uguali di fronte alla legge, e non esistano categorie, gruppi, soggetti, ai quali possa essere riservato un trattamento differenziato, sia che privilegi sia che penalizzi, è necessario delineare gli organi dello stato e fissare i limiti d'esercizio delle loro funzioni e del loro modo di procedere.

È stabilita pertanto la composizione del parlamento, quanto durano in carica i suoi membri, quali sono le sue funzioni e quali le procedure per emanare nuove leggi. Altrettanto è precisato per il governo, la magistratura, la corte costituzionale e le altre istituzioni di rilievo costituzionale.

Della magistratura è particolarmente tutelata l'indipendenza, perché essa è il cardine della concreta applicazione del principio della divisione dei poteri.

Un esempio aiuta a comprendere l'importanza delle procedure. Se si stabilisse che tutti sono uguali di fronte alla legge, ma una disposizione ulteriore prevedesse che il pubblico ministero fosse libero di sottoporre a indagini, a suo piacere o su disposizione del parlamento o del governo, soltanto alcune, e non tutte le persone accusate di aver commesso un delitto, il principio sostanziale d'uguaglianza sarebbe immediatamente stravolto da una regola procedurale. All'apparenza tutti sarebbero uguali, tutti parimenti sottoponibili a un processo e all'eventualità di una condanna. In realtà soltanto coloro che l'autorità giudiziaria, magari in base a ragioni politiche, di sesso, di posizione sociale, scegliesse di sottoporre alle indagini andrebbero incontro a questa possibilità.

La Costituzione è fortemente ispirata al modello di società orizzontale, ma non vi ha mai corrisposto del tutto. Per esempio, fino a pochissimo tempo fa la pena di morte era consentita, seppur in ipotesi assolutamente eccezionali, e cioè nei casi previsti dalle leggi militari di guerra.

Alla chiesa cattolica è riservato un trattamento di assoluto privilegio rispetto a tutte le altre istituzioni religiose. Questo contrasta palesemente con il modello della società orizzontale, e contraddice il precetto fondamentale della stessa Costituzione secondo il quale tutti sono uguali di fronte alla legge, senza distinzioni, tra l'altro, di religione.

24.
Che cosa manca?

Se si volesse una legge fondamentale del tutto coerente con la società orizzontale, anche altri punti richiederebbero delle modifiche. Più che la sostanza (che pur presenta alcune incongruenze, per esempio quella appena citata riguardante il trattamento delle chiese) sembrano bisognosi di aggiornamento alcuni aspetti che riguardano la forma, cioè le procedure che attengono al funzionamento dell'organizzazione istituzionale.

Si è già accennato al fatto che l'organizzazione della società orizzontale è particolarmente complessa. Sussiste, infatti, la necessità di un'attenta opera di bilanciamento tra le varie posizioni personali perché siano garantiti i diritti di tutti e l'uguaglianza di ciascuno davanti alla legge. La complessità del sistema non significa, però, che l'apparato amministrativo debba essere pletorico. Inoltre, è richiesta la massima trasparenza delle istituzioni perché scelte e controllo da parte dei cittadini siano effettivi.

Nella prospettiva della piena realizzazione della società orizzontale, l'attribuzione immediata della cittadinanza a tutti i nati in Italia, quella del diritto di voto agli stranieri residenti stabili, introdotte tramite norme di livello costituzionale, porterebbero verso un più puntuale riconoscimento dei diritti fondamentali di tutti. Operazioni come la riduzione del numero dei parlamentari (ora seicentotrenta alla camera e trecentoquindici, più i membri a vita, al senato) e l'abolizione delle province (le quali, con le regioni che funzionano a regime, hanno difficoltà a individuare una sfera di competenza propria) snellirebbero gli apparati istituzionali riducendo i carichi che i cittadini devono sopportare per sostenerli.

L'abbandono del principio del bicameralismo perfetto (secondo il quale il medesimo testo, per diventar legge, deve essere approvato da entrambi i rami del parlamento) potrebbe garantire maggior efficienza. Maggiori responsabilità ai partiti politici sotto il profilo finanziario e sotto quello della trasparenza permetterebbero al cittadino di ottenere più facilmente informazioni importanti per il consapevole esercizio del diritto di voto.

Bisogna anche riflettere sui tempi che cambiano. I sessant'anni trascorsi dall'entrata in vigore della Costituzione hanno influito sulla sua efficacia ai fini della tutela effettiva e generale dei diritti della persona, in conseguenza dei nuovi assetti, delle nuove sensibilità, dei nuovi soggetti presenti sulla scena sociale?

La tradizionale tripartizione dei poteri e la loro separazione proposta da Montesquieu è sufficiente oggi a garantire l'esercizio dei diritti fondamentali della persona, tenendo conto dell'importanza assunta dall'informazione da una parte, dall'economia e dalla finanza dall'altra?

Se i cittadini non possono informarsi adeguatamente, le loro scelte sono apparenti e non effettive, essendo sviate dalla parzialità, inesattezza o tendenziosità delle notizie che vengono loro fornite. Economia e finanza hanno plurime possibilità di squilibrare il modello sociale: possono interagire con l'informazione condizionandola, possono essere il punto di partenza di interferenze sul corretto esercizio delle istituzioni attraverso la corruzione, possono essere occasione di collegamento con organizzazioni criminali diffuse come la mafia.

L'informazione era assai diversa da come la si intende oggi non solo due secoli e mezzo fa, quando è stata proposta la separazione dei poteri, ma anche sessant'anni fa, quando è entrata in vigore la Costituzione. Nel Diciottesimo secolo la stessa divisione dei poteri tradizionali era solo un'ipotesi che riguardava il futuro; e un futuro ancor più remoto avrebbe potuto concernere l'istituzione di un organo legislativo eletto direttamente con il voto di tutti i cittadini senza alcuna distinzione di sesso.

L'ipotesi che una corretta informazione su fatti, responsabilità, coinvolgimenti, interessi nascosti, fosse il presupposto del voto consapevolmente espresso poteva forse essere immaginata, ma sicuramente non aveva un peso particolare nella realtà del tempo.

Il contesto era certamente diverso una sessantina di anni fa, ma non tanto da modificare la sostanziale percezione dell'importanza dell'informazione. La diffusione delle notizie attraverso i giornali era cresciuta, era stata inventata la radio, la cui voce entrava direttamente nelle case e forniva conoscenze, talvolta in tempo reale, anche a chi non sapeva leggere. Tuttavia, la percentuale di analfabeti era ancora elevata, e la radio era poco diffusa, soprattutto tra le persone più povere. L'Italia non conosceva ancora la televisione, che sarebbe diventata solo più tardi il più potente mezzo di diffusione delle informazioni, e di gran lunga il più convincente.

Allora non si percepiva ancora chiaramente quanto il potere dei media potesse essere influente sulle scelte dei cittadini. Non si comprendeva nemmeno fino in fondo quanto il denaro avrebbe potuto influire sul corretto funzionamento della società per quanto essa tendesse a un assetto e a una distribuzione "orizzontale" dei diritti e delle possibilità.

Essendosi così modificato il quadro, sarebbe opportuno introdurre nella Costituzione disposizioni che garantiscano al cittadino l'effettiva pluralità dell'informazione. Sarebbe necessario garantirne l'imparzialità rispetto agli altri poteri dello stato, all'economia e alla finanza, escludendo influenze indebite di queste ultime sull'amministrazione della società.

Tirando le fila, perché il sistema organizzativo della società italiana corrisponda al modello orizzontale sarebbero necessari alcuni aggiustamenti alla Costituzione, il completo adeguamento della legislazione ordinaria ai suoi principi e l'introduzione di misure per evitare che nuovi poteri interferiscano pericolosamente con quelli tradizionali o influiscano su di loro in modo scorretto.

Tutto ciò però non sarebbe ancora sufficiente ad attuare il modello di società orizzontale, perché le leggi non bastano a determinare la convivenza civile. Come infatti si vedrà nelle prossime pagine, hanno particolare rilievo anche le convinzioni e i comportamenti personali.

25.

Incertezze del percorso costituzionale

Non è stato facile attuare la Costituzione. La corte costituzionale, che fin dall'inizio avrebbe dovuto svolgere il compito basilare di verificare la legittimità delle leggi, è stata istituita soltanto nel 1953; il Consiglio superiore della magistratura (Csm), che ha la funzione di garantire l'indipendenza di giudici e procuratori dagli altri poteri dello stato, fu istituito nel 1958; le regioni (strumento di decentramento e di più diretta democrazia) esistono dal 1970, e soltanto nello stesso anno è stato promulgato lo statuto dei lavoratori, la legge che adatta la disciplina del lavoro ai principi costituzionali; per uniformare la disciplina del matrimonio al principio di uguaglianza si è atteso il 1975.

Non è stato facile, perché la resistenza ad adeguare le leggi (e più ancora i comportamenti) alla Costituzione, è stata forte, diffusa a tutti i livelli, continua.

La cultura tipica della società verticale, già radicata prima del ventennio fascista ed esasperata dal regime, non poteva essere eliminata da un momento all'altro semplicemente emanando una nuova costituzione. La struttura verticistica, piramidale e gerarchica comportava una distribuzione dei diritti e dei doveri assai sperequata in ogni settore della società.

Si pensi al rapporto tra i sessi: nelle famiglie al maschio era attribuito inequivocabilmente il ruolo di capo, cui la donna era sottomessa; in politica alla donna era precluso il voto, in alcuni settori della pubblica amministrazione l'assunzione. La cultura, il modo di pensare di una parte consistente della cittadinanza, compreso a volte perfino chi era sottomesso e penalizzato, riteneva la discriminazione "naturale", corrispondente alle disposizioni di legge. In tale situazione non è difficile immaginarsi quanto i privilegiati si opponessero ad attuare una legge che andava contro le loro abitudini quotidiane.

Nonostante il trascorrere del tempo; nonostante gli interventi del legislatore che, seppur con lentezza, adeguava via via la legislazione ereditata dal fascismo alla nuova struttura; nonostante le assai frequenti decisioni della corte costituzionale che estromettevano progressivamente dall'ordinamento tante leggi contrastanti con il modello orizzontale, questo non si è mai affermato completamente.

Anche oggi, il riconoscimento dei diritti fondamentali a talune categorie di stranieri si ferma spesso a un'affermazione cui non corrisponde la realtà; il sistema sanzionatorio è rimasto improntato all'idea retributiva della pena; il codice penale – nel suo impianto generale – risale ancora all'inizio degli anni trenta, ed è ovviamente intriso della cultura autoritaria del fascismo; l'abitazione non è diritto di tutti; il ripudio della guerra in più di un'occasione traballa.

Sembra si stia tornando alla concezione verticale della società, qualche volta in gran fretta, in campi dai quali pareva essere stata definitivamente estromessa. Il lavoro diventa sempre più precario, perde la natura di diritto e si trasforma in una specie di benevola concessione; la condizione dello straniero non regolarizzato peggiora; il sistema repressivo penalizza a dismisura i recidivi e ammorbidisce le conseguenze dei reati tipici dei potenti.

Il modello orizzontale, quello che garantisce l'universalità dei diritti fondamentali e l'uguaglianza delle persone, pare perdere colpi rispetto al modello verticale, basato su gerarchia sociale, privilegio e discriminazione, che appare sempre più frequentemente prevalere.

26.
Cultura

L'abbandono del modello verticale per molti non è in sintonia con la natura umana, ed è comunque un'utopia. Per le ragioni esposte nelle pagine precedenti e che riguardano la storia, la religione, l'istintualità della persona, il modello verticale è talmente radicato da apparire "naturale", e quindi "giusto".

Si tratta di un atteggiamento culturale, come quello che faceva apparire "giusta" la tortura qualche decina di anni prima della pubblicazione degli scritti di Cesare Beccaria.

Poiché l'atteggiamento è diffuso, esso coinvolge anche molti di coloro che non occupano i gradini alti della gerarchia sociale, specialmente se esercitano qualche potere, anche minimo, su chi sta sotto di loro (il "caporale", per esempio, nei confronti dello straniero irregolare, ma anche il marito nei confronti della moglie che non ha reddito proprio). Può capitare che questo atteggiamento sia perfino condiviso dalle stesse "vittime".

L'ordine delle cose che ciascuno trova già precostituito, coniugato con bisogni di sicurezza, esaltazione del sacrificio per il bene comune, tendenze spontanee alla sottomissione e tanti altri fattori, induce a ritenere "giusta" l'esistenza di una gerarchia di diritti e doveri, il fatto che qualcuno comandi e gli altri obbediscano.

Può succedere così che il sistema formale sia organizzato orizzontalmente, e le leggi scritte riconoscano diritti fondamentali e uguaglianza, ma che esista, allo stesso tempo, un ordinamento sommerso con regole proprie, che contrastano con quelle "ufficiali" e i cui effetti coinvolgono tutta la cittadinanza, trasformando nella sostanza l'organizzazione sociale da orizzontale in verticale.

L'esistenza del fenomeno può essere talvolta dedotta da alcuni elementi "indiziari". L'incuria nella prevenzione degli infortuni sul lavoro (che in Italia provocano oltre mille "morti bianche" all'anno) è significativa dell'attenuarsi del riconoscimento e della tutela del diritto alla vita e all'integrità fisica del lavoratore e del prevalere di una regola sommersa che dà la precedenza al profitto dell'imprenditore.

Qualche volta le manifestazioni dell'esistenza di un doppio ordinamento e del prevalere di quello sommerso sono lampanti. All'inizio degli anni novanta, in Italia è stato scoperto un vero e proprio sistema ramificato di corruzione che legava imprese e partiti politici.

La regola formale secondo la quale – in estrema sintesi – gli appalti di opere pubbliche sono assegnati a chi offre la miglior prestazione al minor prezzo era stata occultamente sostituita, nella pratica e senza che l'apparenza mutasse, dalla regola sotterranea che prevedeva l'assegnazione del contratto alle imprese che avevano corrotto funzionari pubblici ed esponenti politici versando loro somme di denaro allo scopo di aggiudicarsi l'appalto. La regola sommersa era talmente diffusa che oltre cinquemila persone (tra le quali segretari di partito, un numero considerevole di parlamentari, alcuni ministri, ex presidenti del consiglio, sindaci di grandi città) sono state coinvolte nelle indagini da parte dei soli uffici giudiziari di Milano. Che quella occulta e contraria alla legge fosse la regola vigente risulta non soltanto dalla frequenza della sua applicazione (gran parte degli appalti pubblici era accompagnata dalla movimentazione illecita di denaro), ma anche dagli atteggiamenti che il mondo politico e una parte consistente della cittadinanza hanno assunto dopo i primi momenti delle investigazioni.

Nel giro di poco più di due anni è iniziata in sequenza l'introduzione di nuove leggi che hanno ridimensionato alcuni reati, hanno ridotto le pene di altri, hanno modificato tante regole del processo rendendo più complessa l'acquisizione della prova, hanno previsto nuove immunità processuali. Nulla, nel frattempo, veniva modificato per rendere più difficile la pratica della corruzione, che pure era risultata diffusissima.

Con il passare del tempo il sistema, basato sulla compravendita della funzione pubblica, è stato progressivamente coperto dalla polvere dell'oblio, fino a diventare quasi normale che ne venga messa in dubbio, nella sostanza, la stessa esistenza storica. Il problema della diffusione dell'illegalità nei rapporti tra politica, imprenditoria ed economia (problema di mancato rispetto della legge penale, chiamato con un eufemismo "questione morale") è stato rimosso, a dimostrazione che il sistema di regole condiviso dall'apparato istituzionale, considerato nel suo complesso, era quello sotterraneo e non quello ufficiale (anche se non sono mancati esponenti delle istituzioni di avviso e comportamento contrario).

Buona parte della cittadinanza ha accettato la rimozione della memoria, anzi vi ha contribuito fattivamente. Finché, nelle fasi iniziali, gli elementi indiziari e le prove raccolte portavano al coinvolgimento di persone tanto potenti che nessun cittadino comune si poteva riconoscere in loro, il disgusto per gli illeciti scoperti era generale; la richiesta di ritorno alla legalità unanime; l'esecrazione dei comportamenti ripetuta quotidianamente, anche con atteggiamenti irriguardosi del rispetto che si deve comunque alle persone coinvolte in un processo penale.

Quando le prove e gli indizi hanno cominciato a coinvolgere persone comuni (l'agente della guardia di finanza che ometteva di rilevare irregolarità tributarie in cambio di una bustarella; il vigile urbano che non si curava di controllare l'igiene dei negozi di alimentari in cambio della spesa gratuita...) l'atteggiamento di molti si è ribaltato. A fronte del diffondersi della percezione di essere possibili destinatari delle future attenzioni dei pubblici ministeri, le istanze di legalità si sono sopite.

Significativa della prevalenza del modello verticale sottostante al dichiarato modello orizzontale è anche la continua emanazione di cosiddetti "provvedimenti di clemenza" a opera del parlamento. Nella storia della repubblica italiana si contano numerosi condoni, indulti, amnistie. Si tratta di misure con le quali si consente ai cittadini di sanare le posizioni irregolari, attraverso il pagamento di denaro, o anche di sfuggire alla pena.

Il presupposto di questi provvedimenti sta nella trasgressione di massa. Se fossero pochi quelli che non pagano le tasse, che costruiscono dove non si può, che commettono reati, i provvedimenti di clemenza non avrebbero ragione di esistere. Mancherebbe la materia prima. Condoni, indulti, amnistie frequenti sono la dimostrazione che le regole del privilegio, della sopraffazione sono applicate a dispetto delle leggi di uguaglianza formalmente in vigore.

Altra spia della condivisione generalizzata della cultura della società verticale è la relazione che la cittadinanza instaura con le istituzioni, spesso caratterizzata dalla convinzione di essere ancora dei sudditi.

Quando la cultura è intrisa di verticalità e gerarchia, il cittadino vede l'istituzione come espressione del potere arbitrario, piuttosto che come l'esercizio di una funzione di servizio. Il potere arbitrario può fare quel che vuole, e il cittadino deve sottostargli. Le disfunzioni, ma anche le angherie, sono accettate con rassegnazione e fatalità, come se fossero un risvolto inevitabile delle istituzioni. Certo, ciascuno mantiene il "diritto di mugugno", la facoltà di cimentarsi in un brontolio di scontento che in alcuni momenti si trasforma in una lamentela chiaramente avvertibile, qualche volta invade l'aria. Ma, comunque, questo mugugno è incapace del salto di qualità, di passare dalla disfattista lamentela del suddito alla propositiva richiesta di assunzione di specifiche responsabilità, propria del cittadino.

Chi invece ritiene di essere collocato sui gradini elevati della scala sociale, riferendosi a una gerarchia sociale che prescinde dalle istituzioni pubbliche, snobba coloro che le rappresentano ai gradini più bassi. "Lei non sa chi sono io!" è l'espressione che più di tutte raffigura questo atteggiamento mentale. Chi la usa si riferisce a un modello di relazione con gli altri in cui le regole della società orizzontale soccombono alla gerarchia del potere. "Lei non sa chi sono io!", tradotto in termini meno grossolani, suonerebbe così: "Forse lei non è bene informato, ma io sono una persona che conta, sono collocato vicino ai vertici di questa società. Ciò a cui lei si riferisce, che a suo parere mi vieterebbe [per esempio di entrare in auto in una zona vietata] o mi imporrebbe un comportamento diverso da quello che tengo [per esempio di pagare le tasse] vale per altri, per chi si trova nei gradini bassi della società. Ma non vale per me".

L'arroganza è frequente, quasi quanto la sudditanza. Generalmente la stessa persona esprime entrambi questi modi di essere: arrogante con chi sta sotto, sottomesso con chi sta sopra.

Da un altro punto di osservazione si tratta dello stesso fenomeno (tipicamente italiano, ma non solo) che porta a parlare frequentemente della legalità, lamentandosi che le regole non vengano rispettate.

Il più delle volte si biasima il comportamento degli altri; quando si tratta di giudicare se stessi in relazione alla propria capacità di osservare le regole, l'atteggiamento si capovolge: ognuno si arroga il diritto di verificare se nel caso concreto la regola sia applicabile per lui o se debba subire un'eccezione. Basta guardare alle reazioni di chi trova una vettura sul proprio passo carraio e confrontarle con le giustificazioni che poi dà quando invece lascia la propria macchina davanti all'entrata di una casa altrui per averne una piccola, ma significativa, riprova.

27.

Gli interessi di chi si oppone alla società orizzontale

La storia si sviluppa anche attraverso un faticoso e non sempre lineare progredire del riconoscimento dell'altro, indipendentemente dalle situazioni contingenti. Certo, le cadute e le regressioni sono state frequenti e significative, ma non credo si possa negare che, complessivamente, la capacità di vedere nell'altro un proprio simile si sia progressivamente diffusa. È il presupposto per immaginare un'organizzazione sociale veramente orizzontale.

Alla società orizzontale si oppongono interessi di varia natura. Innanzitutto, come si è accennato, le resistenze di coloro che occupano posizioni di privilegio e tendono a mantenerle. La spinta in tal senso è forte anche quando mette a rischio la propria serenità e il proprio futuro.

L'attrattiva del privilegio non ha, ovviamente, radici esclusivamente nell'utilità personale che da esso deriva. Chiunque preferirebbe vivere in un appartamento confortevole; usare mezzi di locomozione veloci, sempre disponibili e non soggetti agli intasamenti del traffico; essere curato con la massima tempestività dai medici migliori, piuttosto che sperimentare le situazioni opposte. Ciascuno tiene al proprio benessere e, quando questo deriva da situazioni di privilegio, tende a mantenere tali privilegi per conservare il benessere. Esiste quindi un interesse diffuso, egoistico, a conservare la società verticale quando questa è lo strumento per mantenere una situazione di benessere dovuta a privilegio e sperequazione.

Ma questo interesse coinvolge anche altri aspetti che riguardano l'istinto, la parte irrazionale della persona. Si tratta della percezione di potere ciò che gli altri non possono, del sentirsi diversi dagli altri e della soddisfazione che ne deriva. Il privilegio non riguarda soltanto la possibilità di soddisfare meglio e più facilmente le proprie esigenze di benessere; produce differenze ben riconoscibili tra i limiti propri e quelli che toccano agli altri, a coloro di cui è evidente la posizione subalterna e sottordinata. L'esigenza di continuo confronto tra il privilegio proprio e gli svantaggi altrui è conseguenza dell'essere in continua competizione, e dell'avere come unico metro di valutazione di sé la propria collocazione nella scala gerarchica sociale.

La constatazione del privilegio è allo stesso tempo anche un potente mezzo per mistificare la realtà e fingere di essere davvero diversi dagli altri: la distinzione che dal potere, dal predominio, dall'arbitrio deriva può illudere di essere simili a dio: onnipotenti ed eterni.

28.

Sicurezza

Nella stessa prospettiva il privilegio affascina perché dà sicurezza. Pur di non avere paura, l'essere umano sarebbe quasi disposto a morire. Certo è pronto a rinunciare a parti consistenti della sua libertà.

Si accetta di essere osservati da telecamere in qualsiasi luogo pubblico e si permette che la privacy sia limitata da decine di altre intrusioni. Si installano allarmi, porte blindate, inferriate, trasformando la propria abitazione in qualcosa di simile a una prigione, nella quale è difficile entrare, ma dalla quale talora è difficile anche uscire.

Con frequenza sempre maggiore la paura diventa oggetto di uso politico: la promessa di liberare dalla paura attira voti, e poiché la paura viene dalla pancia e non dalla testa, difficilmente si presta a essere tema di ragionamento.

La percezione di insicurezza può essere incrementata e indirizzata ad arte, selezionando le notizie, alimentando la paura, enfatizzando gli aspetti che maggiormente impressionano, in modo che ancor più attraente sia la promessa di rendere sicuri.

Non hanno importanza le rilevazioni statistiche: può essere dimostrato che è più frequente rimanere vittima delle aggressioni di un parente, di un amico, di un conoscente, ma a terrorizzare è l'ignoto, il diverso, colui che viene da lontano. È nei suoi confronti che si prova paura, è rispetto a lui che si parla di sicurezza.

La paura divide, innalza barriere contro l'estraneo, impedisce il riconoscimento, alimenta la convinzione di fondo sulla quale si basa la società verticale. Non è trascurabile nel quadro complessivo la circostanza che maggiore è la vicinanza al vertice della piramide, più curata è la tutela della sicurezza che la società appronta. I governanti sono circondati da persone incaricate di badare esclusivamente alla loro sicurezza.

Dando uno sguardo alle statistiche, sarebbero assai più bisognosi di scorta gli operai del settore edilizio.

Voglia di privilegio, di diversità, di sicurezza spingono senza ritegno verso una competizione sfrenata. Si entra così in una spirale perversa, in una continua rincorsa ad affermare la propria superiorità senza accettare alcun limite, compresa l'esigenza di preservare le risorse naturali, mettendo a rischio, alla lunga, la sopravvivenza dello stesso genere umano.

29.

Fuga dalla responsabilità

Una delle ulteriori ragioni che favoriscono il modo di strutturarsi della società in senso verticale sta nella tendenza a delegare in bianco coinvolgimento e impegno personali.

La delega a rappresentanti delle funzioni che, in una società estesa e complessa, non possono essere esercitate direttamente da tutti è fisiologica. Ma ha ragione di esistere se è limitata a quelle funzioni che per le loro caratteristiche richiedono rappresentanza, e se della delega è prevista la verifica della sua concreta gestione.

Succede, però, con frequenza che ciò che compete all'individuo venga "scaricato" su altri, senza che poi ci si interessi dell'uso che questi ne fa.

Il meccanismo vale anche per l'esercizio delle capacità critiche, cioè della verifica dei fatti, delle informazioni, delle affermazioni, dei comportamenti e della coerenza altrui. Nei casi in cui non ci si disinteressa del tutto, può succedere che si scelga una persona per qualche motivo già nota, la si "mitizzi", la si investa della funzione non solo di controllare ma anche di fustigare il potere, affidandole il ruolo di coscienza collettiva, e talvolta, come un rito, radunandosi per ascoltarla. Nell'occasione qualcuno si carica di momentanei sentimenti di rancore e di aggressività nei confronti dei "cattivi" che gestiscono il potere, altri si indignano, altri inveiscono. Poi, poco a poco, si torna alla vita privata, lasciando al mito, al "guru", il compito di pensare e di fare anche per sé.

Si tiene questo atteggiamento non soltanto perché spesso è materialmente più comodo, ma anche perché la responsabilità costa, in un primo momento genera incertezze, ripensamenti, dubbi, e poi rimpianti, recriminazioni e sensi di colpa. Se si affidano le scelte ad altri, la responsabilità individuale scompare. Ma, a fronte degli apparenti vantaggi, c'è un danno enorme. Se si affida ad altri il proprio destino, colui nelle cui mani lo si è riposto non lo modellerà secondo le finalità e gli interessi di chi glielo ha affidato, ma secondo i propri o quelli della sua parte politica, ideologica o religiosa che sia. Insomma, quando si lascia fare agli altri, questi agiscono secondo la loro impostazione, i loro fini, i loro interessi.

La delega assoluta, il disinteresse e l'indifferenza che ne derivano sono in sintonia con il modello verticale, anzi spesso contribuiscono ad attuarlo, perché delega, disinteresse e indifferenza inducono l'instaurazione di gerarchie, e le gerarchie comportano la distribuzione diseguale di diritti e doveri.

Un altro elemento che facilita l'organizzazione verticale della società sta nella tendenza a escludere di dover dare conto delle proprie azioni, quando queste sono compiute su consiglio o per ordine dell'autorità, di qualsiasi genere essa sia.

Nel 1961, all'Università di Yale, Stanley Milgram ha verificato fino a che punto la persona sia capace di infliggere sofferenze ai suoi simili quando la responsabilità può essere scaricata su altri. L'esperimento consisteva nell'applicare scosse elettriche di sempre maggior intensità a persone che non sapevano memorizzare, e di conseguenza non ripetevano, una serie di associazioni verbali. La giustificazione che l'organizzatore dava a chi partecipava alla prova era di carattere scientifico: applicare le scariche serviva a verificare se la sofferenza inferta avrebbe favorito la memorizzazione. Eventuali dubbi trovavano soluzione attraverso la rassicurazione della "autorità" che conduceva l'esperimento; una parete frapposta tra i due (attraverso la quale si poteva sentire ma non vedere) sfumava l'intensità della relazione tra sperimentatore e vittima. I due terzi dei partecipanti sono arrivati a somministrare dosi di elettricità da shock (450 volt), consapevoli delle "sofferenze" provocate (un attore recitava la parte della vittima, comportandosi come se fosse stato effettivamente colpito da scosse, ma colui che le somministrava era convinto che fosse tutto reale).

Due persone su tre hanno dunque ritenuto giusto esporre propri simili a gravi sofferenze, anche mettendone a rischio la vita. Ciò vuol dire che sono state disposte a ridurre altre persone a strumento, solo perché quella strumentalizzazione era giustificata da una pretesa utilità "scientifica". Tornano in mente i criminali e disumani esperimenti di Joseph Mengele e dei suoi accoliti sulle persone, bambini compresi, internate nei campi di concentramento nazisti.

Altri esperimenti analoghi hanno confermato la diffusa disponibilità a fare male ad altri quando ci si senta psicologicamente liberati dalla responsabilità del proprio comportamento, perché questa ricade su terzi per ragioni, in ultima analisi, di gerarchia. Proprio in quest'ottica, non pochi gerarchi nazisti accusati delle più efferate atrocità, nei processi loro intentati si sono difesi sostenendo di non essere responsabili dei fatti criminosi loro attribuiti perché li avevano commessi obbedendo a ordini di superiori (e quindi adempiendo a un dovere).

La tendenza a deresponsabilizzarsi, come quella a delegare in bianco, spingono a porsi interrogativi sul rapporto tra la persona e la libertà. A molti la libertà fa paura, perché pone di fronte alla necessità di scegliere. Le scelte sono complesse, difficili, implicano valutazioni che coinvolgono il bene e il male (non sempre esattamente individuabili), obbligano a tener conto del contesto (ciò che è positivo in una circostanza è dannoso in un'altra), non consentono di crearsi paradigmi di riferimento validi in qualsiasi situazione. La scelta è generatrice di dubbio, di ansia e insicurezza, per questo esiste una tendenza a fuggire dalla libertà per rifugiarsi nell'arbitrio (che per definizione non implica responsabilità) o nella sottomissione (che trasferisce la responsabilità su altri). Paradossalmente, una delle resistenze alla costituzione della società orizzontale sta nel fatto che essa rende liberi.

Parte quarta

Come arrivare?

29.

Dinamica del tempo

La storia è un percorso, fatto di prima e dopo, di ieri, oggi e domani. È un tragitto costituito da una concatenazione di passi. Somiglia a un lungo e faticoso sentiero di montagna del quale non si vede la fine. Ogni passo in sé pare non avere importanza, tanto è breve rispetto alla lunghezza complessiva del cammino; se ne percepisce il rilievo solo quando ci si volta e si nota la distanza percorsa oppure, guardando avanti, si comincia a scorgere la meta. La percezione della storia, del procedere del cammino dell'umanità, non è sempre la stessa: i singoli momenti, i singoli passi sono vissuti come se si esaurissero in se stessi, come se non avessero un prima e un dopo, come se non si capisse che arrivare alla meta ne richiede una serie e necessita di tempo.

Nei confronti della storia la persona è impaziente, vuole una soluzione immediata, esige cambiamenti repentini. Se non li coglie subito, tende a escludere che possano verificarsi. Si demoralizza, si ferma come un bambino capriccioso che si rifiuta di camminare ancora e pretende di essere preso in braccio, perché la grande fatica che gli costa il singolo passo sembra sprecata, non vedendo la meta, non percependo il percorso.

Manca l'idea del costruire, del collocare uno sull'altro i mattoni perché alla fine si possa vedere la casa.

La prospettiva che, nel cammino della storia, superare l'ingiustizia richieda tempo a volte pare troppo difficile da sopportare. Succede che alcuni si estraneino, rimuovano la questione e vivano come se il problema non esistesse. Altri si lasciano andare alla ribellione violenta. I primi cadono nell'indifferenza, escono dalla scena. I secondi si infilano in un tunnel senza speranza, e diventano essi stessi generatori di clamorose ingiustizie, sconsiderati e velleitari seminatori di morte, assimilabili ai giudici che infliggono pene capitali (senza diritto, senza processo, senza prove, senza possibilità di difesa), prevaricatori dell'altrui dignità, specchi che riflettono l'intollerante, altezzosa e boriosa diversità che sostengono (magari credendoci) di voler combattere.

Il cammino verso la società orizzontale è fatto anche della percezione del tempo, della sua dinamica, degli inciampi, delle cadute, delle soste, delle regressioni, delle riprese. Proprio come accade sul sentiero di montagna.

Collocarsi nel tempo significa avere presente il passato e considerare i passi compiuti, la diversità di oggi rispetto a ieri. Il percorso ci mostra che società orizzontali non sono mai state sperimentate, se non in modo sporadico e sterile? Bene, allo stesso tempo il percorso ci mostra che ogni passo ha avuto successo quando è stato fatto in conformità con il suo tempo. Ai tempi di Spartaco era impossibile che la schiavitù venisse rinnegata? Certo, ma è quel che è successo un paio di millenni dopo. Era impossibile che la tortura venisse ripudiata nel Medioevo? Esatto, ma è quel che si è verificato nel Diciottesimo secolo. È stato finora impossibile modellarsi secondo le forme della società orizzontale? Sicuramente. Ma come sono diventati possibili altri stravolgimenti epocali prima impensabili, così può essere finalmente maturo anche il tempo perché ci si riconosca e ci si accetti invece di rifiutarsi reciprocamente.

Alcune esperienze del recente passato (la rivoluzione non violenta di Mohandas Karamchand Gandhi; la riconciliazione sudafricana di Nelson Mandela; la fine incruenta delle dittature in Grecia, Spagna e Portogallo; il dissolversi dell'Unione Sovietica) ne sono un segnale non sottovalutabile.

30.

Consapevolezza di sé

Accade che chi sostiene di condividere il sistema organizzativo della società orizzontale non abbia in effetti alcuna fiducia nella possibilità di realizzarlo, con il risultato di accettare poi consapevolmente caratteristiche, anche rilevanti, del modello verticale.

La società orizzontale presuppone riconoscimento e rispetto del valore e della dignità propri, oltre che di quelli altrui. Ciò implica la consapevolezza di poter esser artefici di una nuova società.

Negli incontri pubblici cui mi succede di partecipare, richiamo frequentemente l'attenzione sulla responsabilità dei singoli cittadini nel malfunzionamento della giustizia. Più volte si manifesta una considerevole sfiducia nelle proprie possibilità, e mi viene chiesto, come se la risposta dovesse essere per forza negativa, di indicare se l'individuo abbia a disposizione strumenti per affermare la legalità e quali essi siano. La sensazione della propria impotenza è espressa molto chiaramente: "Come si può insegnare il rispetto delle regole in un mondo in cui i mezzi di comunicazione di massa, spesso la famiglia, qualche volta i colleghi, diffondono esattamente la cultura opposta?" chiedono gli insegnanti; "Come posso educare mio figlio a seguire le regole, quando, se si guarda intorno, vede che le raccomandazioni e la prepotenza prevalgono?" chiedono i genitori; "Come posso convincermi a continuare a essere ligio e rigoroso quando vedo che ciò mi penalizza, mentre ad averla sempre vinta sono i furbi e quelli che non rispettano gli altri?" domandano indifferentemente cittadini di qualsiasi estrazione.

Qualche volta la domanda è retorica, un semplice mezzo per giustificare il proprio disimpegno: "La scuola, la famiglia, la televisione, la politica, tutte le istituzioni diffondono un modo di pensare secondo il quale le regole sono un sovrappiù eliminabile, un legaccio che crea impedimenti, uno strumento che limita ingiustificatamente la libertà. Di fronte alla potenza di tutte queste fonti di convincimento, alla loro diffusione, alla capacità di penetrazione e di persuasione, io, singolo, non ho alcun mezzo, non posso far nulla, non ho alcun potere di incidere. Non è mia la responsabilità, ma della scuola, della famiglia, della televisione, della politica, delle altre istituzioni. Loro, non io, devono fare in modo che le regole siano rispettate".

Questo chiamarsi fuori, questo escludere qualsiasi responsabilità individuale, questo delegare ad altri la soluzione dei problemi – che immobilizza e impedisce qualsiasi attività – può essere messo in discussione spiegando perché è necessario il comportamento contrario.

La via più sintetica per farlo passa attraverso quattro parole: chiarezza, coerenza, impegno e partecipazione.

La chiarezza riguarda le convinzioni profonde. Per non essere disorientati è necessario sapere quel che si vuole davvero. Se il riferimento personale è davvero la società orizzontale, se si è capaci di riconoscere l'altro, se si è disposti a mettere da parte i propri privilegi, evitando che questi mettano a rischio i diritti fondamentali altrui, allora si può contribuire alla creazione di una società orizzontale.

Una volta acquisita chiarezza, occorre coerenza. La coerenza riguarda la relazione tra quel che si dice e quel che si fa.

Qui va fatto riferimento alla legalità, all'osservanza delle leggi. In un paese disciplinato dalle regole della società verticale agire significa operare perché tali regole cambino, siano modificate, sostituendole con quelle che si ispirano alla dignità della persona.

In un paese che ha scelto di fondarsi sul modello orizzontale, agire significa mettere in atto il patto sul quale si basa la società. Significa riempire le leggi con il proprio comportamento, la propria attività, il proprio rispetto, nella quotidianità dei propri gesti, consapevoli che, in caso contrario, le regole resterebbero lettera morta. La coerenza richiede attenzione e impegno, richiede cura quotidiana del proprio modo di essere in famiglia, con gli amici, con gli estranei, con le istituzioni, con i soggetti più forti e con quelli più deboli. Comporta di fare quel che si dice. Non è sempre facile essere coerenti, qualche volta può essere faticoso: gli istinti, i sentimenti, anche un malinteso senso della giustizia tante volte confliggono con la ragionevolezza, con la linearità del pensiero. Ma quanto più è salda la condivisione del punto di partenza – l'incalpestabilità della persona umana – tanto meno la coerenza costituisce un peso, e tanto più è facile ricomporre momentanei sbandamenti.

Il rispetto dell'altro equivale anche al rispetto di sé,

e ogni volta che si degrada, o si consente che sia degradata un'altra persona, noi stessi ne siamo degradati in quanto parte del medesimo insieme. La coerenza da un lato allinea la persona con i propri punti di riferimento (portando anche il risultato pratico della consuetudine alla legalità); dall'altro è testimonianza, serve a mostrare a chi ci circonda che il riconoscimento dell'altro e dei suoi diritti non è utopia, serve a infondere fiducia nella realizzabilità di un modo diverso di stare insieme (è un corollario del riconoscimento dell'altrui persona che la coerenza comprende l'ascolto di opinioni diverse, e non esclude, anzi comporta la modifica dei punti di riferimento quando questi si dimostrino insostenibili).

Chiarezza e coerenza non bastano. Quando si vive con gli altri è indispensabile prendere parte alla vita sociale. Per essere disposti a partecipare è necessario liberarsi della sfiducia di sé e delle proprie azioni, acquisire la consapevolezza del fatto che il singolo conta.

Aiuta a questo scopo superare una contrapposizione fittizia: da una parte i cittadini, che non possono nulla; dall'altra le istituzioni, che possono ma non vogliono; da una parte gli individui, che non contano nulla, dall'altra la società, come se si trattasse di entità di natura diversa, come se le persone e le istituzioni, le persone e la società non avessero nulla in comune. È vero il contrario.

Le istituzioni non esistono senza le persone che le compongono, sono fatte di persone. Una scuola, un ospedale, un tribunale, un ufficio comunale esistono in quanto ci sono individui che operano per loro. Esistono perché ci sono gli insegnanti, i medici, gli infermieri, i giudici, i cancellieri, i procuratori, gli avvocati, i sindaci, gli assessori, i consiglieri, gli impiegati dell'anagrafe, dell'ufficio tecnico, della polizia locale. Tutti cittadini, tutti persone. E sono persone anche coloro che con le istituzioni interagiscono in altro modo: gli studenti che frequentano la scuola, gli ammalati che si sottopongono a cure in ospedale, le parti e gli imputati in tribunale, coloro che hanno bisogno di un certificato o vogliono costruire una casa, che circolano in auto. Gli atti compiuti dalle istituzioni, la loro qualità, la loro correttezza sono gli atti, la qualità, la correttezza del cittadino che le istituzioni impersona, che agisce nelle vesti dell'istituzione. Sono la sua attenzione e il suo atteggiamento nei confronti degli altri.

Quante volte succede che chi domanda efficienza e funzionalità alla scuola, all'ospedale, alla giustizia, sia insegnante, medico, infermiere, magistrato, cancelliere? Non si accorge che, alla fine, ritenendo di chiedere impegno a un'entità astratta, separata ed estranea, chiede invece, senza rendersene conto, un impegno a se stesso?

Le istituzioni siamo noi, e una prima risposta riguarda il comportamento degli individui, dei singoli cittadini che le istituzioni rendono vive.

Ciascun cittadino può acquisire subito la consapevolezza di contribuire alla costruzione della società orizzontale: si tratta di mantenere comportamenti conformi ai principi base sui quali questa si poggia (che, si noti, in Italia sono al tempo stesso disposizioni della Costituzione), e quindi di evitare di violare o compromettere i diritti fondamentali altrui, la loro dignità, il loro essere uguali di fronte alla legge. Si tratta di partecipare, di non ritrarsi, di fare e di non lasciar fare, di assumersi le proprie responsabilità, e cioè di rispondere a ciò cui si è chiamati nell'organizzazione sociale.

Ecco qualche esempio. La responsabilità dell'insegnante non coinvolge soltanto la comunicazione di informazioni e la verifica che queste siano state apprese. Coinvolge in primo luogo l'educazione al rispetto degli altri, degli studenti soprattutto, e consiste nell'accompagnare questi ultimi a riconoscere simili tutti coloro con i quali hanno relazioni (non credo sia azzardato domandarsi se il cosiddetto "bullismo" non abbia tra le sue radici anche atteggiamenti – magari inconsapevoli – degli insegnanti, cui capiti di individuare tra i ragazzi un capro espiatorio sul quale riversare le negatività della classe; oppure di esaltare i comportamenti di persone famose, le cui gesta consistano nella prevaricazione sugli altri). La responsabilità dell'insegnante comprende l'uso di criteri di uguaglianza nei confronti di tutti gli alunni, l'esclusione non solo di qualsiasi discriminazione ma anche di qualsiasi favoritismo (magari dipendente da fattori come il censo dei genitori); comprende la lealtà con tutti; comprende che gli stessi principi informino le relazioni con tutti coloro che hanno rapporti con i ragazzi (i colleghi, il direttore didattico, i bidelli, i genitori); comprende la coerenza tra parola e comportamento, nella consapevolezza che quando il secondo contraddice la prima, questa è destinata a soccombere (con l'effetto ulteriore di insegnare l'ipocrisia).

Al giudice e al pubblico ministero spetta di avere meticolosa cura nell'evitare il rischio, indotto dal grande potere loro attribuito di invadere la vita altrui (quasi tutti gli atti di loro competenza costituirebbero reato se fossero compiuti da un cittadino comune, o al di fuori dall'esercizio delle rispettive funzioni), di sentirsi collocati su un gradino più alto rispetto agli altri cittadini, e di non prestare l'attenzione dovuta ai diritti fondamentali, alla dignità e all'uguaglianza di chiunque sia coinvolto in un processo.

Non possono essere usate formule stereotipate per giustificare provvedimenti cautelari, i quali, a loro volta, devono durare il meno possibile. Quindi occorre impegnarsi perché la posizione di ciascuno sia chiarita rapidamente, in un senso (liberazione) o nell'altro (celebrazione del giudizio), senza che esistano tempi morti oltre a quelli imposti dal codice, e senza che chi è coinvolto nel procedimento diventi mai una mera pratica burocratica. L'indipendenza, così attentamente garantita dalla Costituzione, deve cioè essere funzionale all'imparzialità, sia per il giudice sia per il pubblico ministero (nella società orizzontale i pubblici ministeri, tanto quanto i giudici, devono avere come scopo l'esatta ricostruzione dei fatti e l'esatta attribuzione delle responsabilità, che è esattamente il contrario rispetto ad avere dei fini di parte); l'indipendenza dev'essere curata non soltanto con riferimento agli altri poteri costituiti, parlamento e governo, ma anche all'economia, alla finanza, all'opinione pubblica, alla propria esistenza pubblica e privata, persino a se stessi.

Quel che vale per l'insegnante vale per il giudice e il pubblico ministero; quel che vale per loro vale per il parlamentare; quel che vale per il parlamentare vale per il commesso del supermercato, per il meccanico dell'autofficina, per il professore di violino e per il direttore d'orchestra, per il giornalista e per il direttore della rete televisiva, per l'imprenditore e l'artigiano. Le minime differenze sono la conseguenza degli aggiustamenti di dettaglio dei principi di base, che sono comuni a tutti.

Non percepire e apprezzare l'unicità della fonte

non facilita la strutturazione della società in senso orizzontale. Se si costruiscono "etiche" (e cioè responsabilità) diverse a seconda del campo di attività (etica dell'impresa, etica della politica, etica della giustizia, etica della scuola e via dicendo) si settorializza la società, si ostacola il riconoscimento reciproco e si favorisce l'istituzione di corporazioni e di gerarchie.

Invece, di fondo, quel che vale per uno vale per tutti. Anche per il bancario, per l'assicuratore e per chiunque svolga oggi la propria attività nei più o meno estesi colossi privati che somigliano sempre di più a enti pubblici, con la differenza di essere per natura non imparziali, visto che perseguono lo scopo dichiarato di produrre profitto.

Per fare un esempio che serva a spiegare come in concreto indifferenza e conformismo (mancanza di partecipazione nel primo caso, di partecipazione ragionata nel secondo) ostacolino la società orizzontale e la assimilino assai rapidamente a quella verticale, basta parlare di mafia. La mafia commette delitti della più svariata natura, finalizzati tutti, più o meno direttamente, all'accumulo, smisurato, di denaro. Si tratta di denaro che, per rientrare nella circolazione legale, deve essere ripulito, perché non ne può, ovviamente, essere manifestata la provenienza illecita. La ripulitura (il riciclaggio) avviene attraverso sistemi diversi, i quali spesso richiedono relazioni con istituti di credito, finanziarie, notai, proprietari di immobili, aziende, imprese. Il bancario, il dipendente della finanziaria e gli altri attori di questo processo che aderiscono ai principi alla base della società orizzontale cosa fanno, come si comportano quando si convincono che il denaro che trattano è il frutto di reati di mafia? Perdono magari un cliente, un'occasione di lavoro, vedono sfumare un affare, ma evitano di contribuire all'affermarsi della società criminale e, contemporaneamente, del modello sociale verticale. È sufficiente che siano indifferenti alla provenienza dei soldi, che pensino che non gli competa occuparsene, perché il risultato sia esattamente l'opposto.

Conclusione

Ricordate il paese immaginario descritto nelle prime pagine del libro? Quello dove trionfano il sotterfugio, la furbizia, la forza, la disonestà sotto l'apparenza delle leggi uguali per tutti, del rispetto per ogni diritto di base? Quello dove coloro i quali si attengono alle leggi formali (che non è detto siano pochi) sono scavalcati ogni giorno da chi non le osserva?

Si può concepire un sistema per capovolgere la situazione che non consista nel rovesciamento di quella cultura? E si può pensare che la cultura cambi "per ordine dell'autorità", autorità, d'altra parte, espressione di quella stessa cittadinanza che si promuove violando le leggi? La strada non è forse quella di maturarne una opposta nella propria intimità, e poi proporla agli altri, e mostrare che si può praticare, e dimostrare nello stesso tempo quali sono gli svantaggi che anche ai più furbi, ai più raccomandati, ai più forti e ai più potenti procura la società verticale?

C'è bisogno, per mostrare questi svantaggi, di richiamare la necessità di forme sempre più ghettizzanti di difesa del proprio spazio e dei propri beni, la diffusione delle guerre, la progressiva distruzione delle risorse, l'esclusione continua di numeri enormi di persone dal riconoscimento e dall'armonia per il trionfo della divisione e dell'odio?

Certo, un'osservanza assoluta di regole giuste non sarà mai universale.

Ognuno di noi è un essere umano, che si porta dietro ogni giorno tutte le sue imperfezioni, e che non potrà mai architettare e praticare forme di convivenza perfetta.

Certo, il male non può essere estirpato del tutto dalla storia; e la natura umana, la sua finitezza mortale è essa stessa fonte frequente di angoscia e sofferenza. A tutto questo non possono porre rimedio le regole e la loro osservanza.

In questi confini, la scelta consapevole, e la sua applicazione coerente, di tendere al modello sociale basato sul riconoscimento dell'essere umano stabilisce la direzione del percorso e qualifica ogni sua tappa. Più si procede, più si allargano le possibilità di vedere se stessi e ognuno degli altri come soggetti e non come oggetti; di essere liberi e non sottomessi, cittadini e non sudditi. Si tratta di un percorso infinito, nel quale, prima e più della meta, conta il modo di essere sulla strada, la coerenza di ogni gesto e di ogni parola rispetto al risultato finale. È il percorso, non il traguardo, a riempire la persona del proprio valore e della propria dignità. Tutti noi siamo sul percorso, dipende da ognuno di noi dove questo ci porterà.

Indice

Stampa Grafica Sipiel
Milano, marzo 2008